仰望星空

YANGWANGXINGKONG

鲍鹏山 著

青海人民出版社

图书在版编目（ＣＩＰ）数据

仰望星空 / 鲍鹏山著 . -- 西宁：青海人民出版社，
2020. 12（2021.10 重印）
　　ISBN 978-7-225-06077-4

　　Ⅰ . ①仰… Ⅱ . ①鲍… Ⅲ . ①先秦哲学—研究 Ⅳ .
① B220.5

中国版本图书馆 CIP 数据核字（2020）第 217851 号

仰望星空

鲍鹏山　著

出 版 人　樊原成
出版发行　**青海人民出版社有限责任公司**
　　　　　西宁市五四西路 71 号　邮政编码：810023　电话：（0971）6143426（总编室）
发行热线　（0971）6143516/6137730
网　　址　http://www.qhrmcbs.com
印　　刷　陕西龙山海天艺术印务有限公司
经　　销　新华书店
开　　本　890 mm × 1240 mm　1/32
印　　张　10
字　　数　156 千
版　　次　2021 年 2 月第 1 版　2021 年 10 月第 2 次印刷
书　　号　ISBN　978-7-225-06077-4
定　　价　68.00 元

再版序

　　"圣王不作，诸侯放恣，处士横议。"这是孟子对春秋战国时代的基本评价。圣王之权没有了，诸侯自以为王；圣王之义没有了，诸子自以为是。

　　所以，这时代，两类人最活跃：诸侯和诸子。诸侯争霸，诸子争鸣。

　　诸侯争夺的，是子女玉帛，土地城池，以至于争地以战，杀人盈野；争城以战，杀人盈城。——以至于孟子破口大骂：率土地而食人肉，善战者服上刑！

　　诸子争鸣的，是仁义礼法，天道人性。判天地之美，析万物之理，察古人之全。惜乎贤圣不明，道德不一，不见天地之纯，古人之大体。——以至于庄子仰天浩叹：道术已为天下裂。

　　争霸的结果，是天下版图尽入于秦；争鸣的结果，是天下学术终归于法。结果是悲剧，过程却被历史一再回味。此书就是回味之作。

　　孟子说："一乡之善士斯友一乡之善士，一国之善士斯友一国之善士，天下之善士斯友天下之善士。以友天下之善士为未足，又尚论古之人。"人多喜欢谈古论今。论今者多不平，谈古者多寂寞。

　　愿以此书叩寂寞而求音。

鲍鹏山

2011 年 10 月 30 日

秋高气爽，心旷神怡，序于偏安斋

目　　录

看守月亮的树

王者之剑

哲学乡愿

文化窯粟

神出鬼没的老子

关于老子，司马迁《史记·老子韩非列传》这样开始叙述：

> 老子者，楚苦县厉乡曲仁里人也，姓李氏，名耳，字聃，周守藏室之史也。

老子是南方的楚人，又在北方的周为官，做周守藏室之史，长期浸淫于北方，可以说，老子的思想是南方文化与北方文化结合的产物。难怪他的思想包含着巨大的激情，同时又如此抽象、理智，甚至冷酷。

司马迁接着叙述了有关老子的两件事：一是孔子到周去，曾向老子问礼。老子告诫孔子要去掉骄气与多欲，去掉傲慢自得的神色与过大的追求。孔子回来后，用"龙"来向学生描述他见到的老子，可谓推崇备至。而《孔子世家》记的则是二人分别之时，老子对孔子的临别赠言，其中两句很发人深省，是一种老于世故人的口气：

为人子者毋以有己，为人臣者毋以有己。

意思是说，做儿子不要在父亲面前坚持自我；做臣下不要在君主面前坚持自我。这"有己"，我译为"坚持自我"，包含有"自作聪明""比父亲、君王聪明""有自己的主见""有自己的独立意志"等内容。做儿子、做臣下，在父亲面前、在君主面前有自我，显得比他们还聪明，是不招他们喜欢的。老子是深察人性的缺点的。

还有一件事是有关《道德经》成书的记载。司马迁说，老子居周既久，见周之衰，就准备离去。当老子骑着青牛要出函谷关而去时，被关令尹喜挡住了。据说尹喜也是周之大夫，是一个隐德行仁的高人。他预先望见有紫气东来，知道将有真人经过，便留意观察东来行人，果然迎得老子。尹喜对老子说："子将隐矣，强为我著书。"——你要从人间隐退了，在你远行之前，为我们留下你的思想吧。

司马迁接着叙道：

　　于是老子乃著书上下篇，言道德之意五千余言而去，莫知其所终。

看司马迁说老子，一开始语气颇坚决自信，籍贯、姓氏、官守都言之凿凿。但在叙完老子出关，"莫知所终"以后，突然又变得不自信而自疑起来：

　　或曰：老莱子亦楚人也……

老子是老莱子？老莱子是老子？更可疑者，司马迁这位反对"言不雅驯"的人，竟说出这样荒诞不经的话来：

　　盖老子百有六十余岁，或言二百余岁，以其修道而养寿也。

司马迁大约也是被这位神龙见首不见尾的人弄得神经兮兮了，才说出这样他自己历来反对的"昏话"。这还没完，老莱子我们还没弄清呢，他又说起了一个"太史儋"：

> 自孔子死后百二十九年，而史记周太史儋见秦献公……或曰儋即老子。或曰非也，世莫知其然否。

看来，司马迁这回真的是彻底地糊涂了。只好叹口气，说一句圆场的话：

> 老子，隐君子也。

是的，老子的生平对我们而言，是无始无终的：我们不知道他从哪里来，也不知道他去了哪里。尤其是他的终点，更是成为哲学史上的一大悬案。一般人的一生，以死为终点，而他则没有死，只有"隐"，只有"出关而去"。他自己说"出生入死"，敢情他的出关，是在另一个时空的再生？

确实，对我们而言，他只是离席而去了。在后来漫长的历史中，他不是一个死者，而只是一个"缺席者"。我们在讨论自然、社会和人生时，一直给他保留着席位，一直在引用他的思想。什么时候他能姗姗而来，直接参与我们的话题？

后来，还有一个说法，说他一生下来就满头白发。我以为这不仅是有关他个人经历、心灵与智慧的隐喻性象征，更是有关我们这个早熟民族的心灵与文化的深刻隐喻。他的职业"周守藏室之史"实际上也可能是一个隐喻，与前一个隐喻是一个因果系统——我们历史悠久，饱经风霜；我们少年老成，老奸巨猾。

老子是一位令人望而生敬的人，他智囊般硕大的头颅内包含着无比深刻的人生智慧；他还是一位令人望而生畏的人，他额头上密密的皱纹中隐藏着太多的阴谋与陷阱。他神奇地出现在我们民族的孩童时代，昙花一现，然后又神奇般地远遁他方。在夕阳的余晖中，他骑青牛，执麈尾，晃动身影，出关而去，弃故土如弃敝屣。描述他的行踪正可以用这样一个词：神出鬼没——出如神迹，没如鬼杳。

他是一位深谙历史的学者，"周守藏室之史"，相当于周王朝政府档案馆的馆长。那时的政府档案馆中所保存的文献，不外乎就是史官们记事、记言的史书，是王朝的大事记，是诸国的争斗书；是你死我活的兴与亡，是此起彼伏的盛与衰；是阴谋与权变，是杀戮与残忍，是眼泪与狞笑，是尔虞和我诈。他整天关在阴冷的屋子里读这些东西，能不"一篇读罢头飞白"？难怪他"生而发白"。这些东西成为他了解和理解社会、人生的感性材料和基础，成为他哲学的依据和指控人类文明的证据。

对某些人来说，人类集体的经历和创痛会成为他自己个体的感性体验，老子正是这类超常人中的一个，他生在那么多既经的历史之后，正是历史的一个晦气重重的遗腹子。面对着"上疆场，彼此弯弓月，流遍了，郊原血"的历史血河，他怎能不由美少年变为鸡皮"老子"，并在他额头上深深浅浅密布的皱纹中，埋下与阴谋、与冷酷甚至与残忍难分难解的智慧？班固说，道家出于史官，是有感而发吧。培根说，读史使人明智。那岂不是在说，读史使人少热情而多冷静，少诗意而多理智，少幻想而多现实，少天真而多心机，少童心而多老猾，或者更直接地说，读史使人衰老，使人世故？

　　看多了罪恶，不是与世同浊，心肠随之冷酷；便是脱胎换骨、超凡入化，蜕化出一颗大慈大悲的心灵。综观老子的遗著，好像他这两者兼而有之，犹之乾坤始奠之前的混沌宇宙。他的大慈悲，就是"无为"；他的大冷酷，也是"无为"。他弃人类于原始生态，岂不是大冷酷？他返人类于天地自然，岂不是大慈悲？

　　在他为我们留下的"五千精要"（刘勰对《道德经》的评语）中，除了谈到了宇宙的生成、构成，还有对后世影响最大的两点：一曰治国，二曰处世。

　　老子的著作是有名称的，这和其他诸子著作统以作者姓氏加"子"命名者不同。他著作的名称就叫《道德经》，或者根据《德经》《道经》之先后又叫作《德道经》（马王堆出土的竹简是《德经》在前，《道经》在后）。何谓德？一物之所以为一物谓之德，用今天的话说，就是事物的本质属性，特殊属性；何为道？万物运行之规律谓之道。所以，老子研究的、感兴趣的，是较为纯粹的哲学问题，是对客观具象事物的抽象。

治大国若烹小鲜

老子治国的方法，也就是班固所说的道家特别重视的"君人南面之术"。可他的治国之术，实在是简单，用他的话说，就是简单到"治大国若烹小鲜"，就如同炒一碟小鱼而已！为什么呢？因为在他看来，治国的关键不在于我们殚精竭虑地去做什么，而是只要我们把现在正干的事停下来，什么也不做就是了：

　　不尚贤，使民不争；不贵难得之货，使民不为盗；不见可欲，使民心不乱。是以圣人之治，虚其心实其腹，弱其志强其骨。常使民无知无欲，使夫智者不敢为也。为无为则无不治。

　　——不崇尚贤才，从而使百姓不争夺；不看重难得的财货，从而使百姓不做盗贼；不让百姓看见能引起占有欲的东西，从而使百姓的人心不乱。所以，圣人治理天下，是让人民心灵空虚而肠胃充满，志向卑弱而筋骨强健。让人民经常处于无知识无欲望的状态，从而让那些智者不敢有什么作为。实行了无为，就是无所不为了。

一口气说出八个"不"字，四个"无"字，听起来就是摇头摆手避之唯恐不及，口里一连串的"不不不……"和"别别别……"这是对现存社会从经济基础到上层建筑的全盘否定。为什么"不尚贤"？因为贤是人的智力、能力和德行的总和，是对一个人的综合评价。"贤"的坏处在于它是"有为"的工具，人越贤，闹得动作也会越大，潜在的可能性也就越大。这世界上，很多坏事都是那些"有能力"的人做出来的，很多的祸都是他们闯下的。被历史与现实的无穷变幻和无数鬼脸弄得心惊肉跳、神经兮兮的老子渴望宁静——那种远古的无争无夺的、无知无识的、无是无非的宁静。所以老子要"不尚贤"，还要"不贵难得之货"。"货"是什么？是人人都欲得的物质享受。"货"的坏处在于它刺激了人的欲望。这"货"与"贤"相辅相成。据段玉裁的解释，"货"乃辗转易手之财，"贤"则是由"多财"引申而出的人之多能。故而，"货"是所争的目的，"贤"则是争夺的手段。货越贵，人就越要去争；人越贤，争夺就越激烈，阴谋就越周密，用心就越机巧。所以老子说"圣人之治"应该是"虚其心而实其腹，弱其志而强其骨"。"虚其心""弱其志"就是使百姓心志空虚，无所欲求，安于现状。这当然是"愚民政策"，但客观地说，老子这种"愚民政策"的目的不是为了便于统治者的统治和榨取，而是他真的认为这样的"愚"乃"淳朴"的表现，是"赤子之心"的真实体现，是道德的人与道德的社会的最高境界。另一方面，能让人民"实其腹""强其骨"，老子毕竟比"率兽食人"（孟子语）的统治阶级要仁慈得多了。

"使夫智者不敢为"，智者哪怕是看到了社会的黑暗，发现了上层权势者的阴谋自私与对大众利益的损害，但面对着一群肠胃充实而头脑空虚，筋骨强健而心志卑弱的大众，他还敢呐喊吗？他也只有彷徨于无地吧？

所以，鲁迅才有这样的疑惑：一个铁屋子里一群人昏睡以待死，而有一两个人醒来了，这一两个人是喊叫好？还是也一同昏睡好？英国著《论自由》的穆勒也对此现象进行过描述。他说，在专制的社会里出现过并且还会出现伟大的思想家，但决不会出现思想活跃的大众。所以，思想家天才的思想火花只能在小范围内悄悄地传播，并自生自灭，而永不能以其光辉照亮社会的一般生活。愚昧的大众不仅是暴政的受害者，也是暴政的同伙，先知先觉的迫害者啊。而那集体的暴力正是暴君最爱调动的迫害力。

无为而治，是否定形式的"治"。那么，合理的推论是既然"无为"了，还要"统治"干什么呢？这种"治"，已经不需要"治人者"，没有了"治于人者"。也不再需要社会组织，比如"国家"，等等，与此相关的道德观念也"皮之不存，毛将焉附"。实际上，老子确实是这样想的，他是当代社会及其文化观念的最大颠覆者——

　　小国寡民，使有什佰之器而不用，使民重死而不远徙。虽有舟舆，无所乘之；虽有甲兵，无所阵（陈）之。使民复结绳而用之。甘其食，美其服，安其居，乐其俗。邻国相望，鸡犬之声相闻，民至老死不相往来。

　　——国小民少，使得既有的各种机巧之器弃而不用，使得人民看重生死而不远徙他乡。即使有了船和车，也没必要乘；即使有了盔甲和兵器，也没有仗可打。使得人民再用起结绳记事的老办法。以其所食为甘甜，以其所穿为美丽，以其居住为安恬，以其风俗为快乐。邻国可以互相望见，鸡犬之声可以互相听闻，而人民从少小到老死，也不相往来。

国小、民少，这是老子对他理想国所定的规模。实际上，这里的"国"已经不是现代意义上的"国"，它只是一些原始的自然村落与集镇。"有什佰之器而不用""有舟舆无所乘之"，车船什佰之器等机巧之械没有用场了，自然也就会绝迹。"机巧之械"的绝迹，有利于杜绝人的"机巧之心"。技术的世界往往影响人的心灵世界，太重智慧可能损害德性，这是中国古代各派思想家几乎一致的观点。

同时，老子反对人与人之间文化上的、社会组织上的联系。他要斩断这种人与人的文化纽带，让人回到自然的血缘纽带中去，回到家族中去。老子对人与人之间的社会交往评价极低，抱悲观的态度。所以他要人不远徙，安其居，乐其俗，邻国相望（可见国之小），鸡犬之声都可以互相听闻，但人却必须"老死不相往来"。实

际上，"不相往来"与"无为"互为因果。既然"无为"，
"往来"哪有必要？既然"不相往来"了，怎么去"有为"？

倒退的历史

老子对所谓的人类文明史是否定的。他悲观地认定
一切都是在堕落而不是在进步：

大道废，有仁义；慧智出，有大伪，六亲
不和，有孝慈。

——大道被废弃了，就有了对"仁义"的提倡；人
的聪明智慧多了，就出现了大量人为的弊端；六亲关系
不和睦了，就有人提倡孝慈了。

他这样预言：

失道而后德，失德而后仁，失仁而后义，

失义而后礼。夫礼者，忠信之薄而乱之首。

——道丢失了，才出现德；德丢失了，才出现仁；仁丢失了，才出现义；义丢失了，又出现了礼。这个礼，它就是忠信的消亡，混乱的开始。

在他看来，人类历史，就其道德而言，是一个逐渐堕落的过程；就其文化而言，更是一个衰退的过程，而不是发展的过程。人类在历史长河中的所谓文化"创造"，只不过是对堕落人性的被动适应，是对人性中恶欲步步退却不断满足的结果。所以，人类要自赎，要保持淳朴的道德人性，必须反过来，逆向行走，去追溯本源的"道"。"复归于婴儿"，"复归于朴"，"复归于无极"，复归于人类本质。

绝圣弃智，民利百倍；绝仁弃义，民复孝慈；绝巧弃利，盗贼无有。

——根除了圣明和智慧，对老百姓而言，是百倍有利的事；根除了仁与义，人民就会孝顺和慈爱；根除了机巧与利用，盗贼也就消失了。

　　这就是道家有名的反知识论的最早、最经典的表述。显然，老子看到了随着人类知识的进步，人类传统道德正在崩溃。智力的发达往往与本性中淳朴善良的丧失同步。生产力的进步、物质的积累，仅仅满足了人类的动物性的肉体欲望，而促退了人性的真善美。从某种角度看过去，道德确实好像更适宜在艰苦与匮乏中培养与体现。正如庄子后来观察到的，即便是鱼，在泉水干涸时，也会"相呴以湿，相濡以沫"，而一旦泉水充足，则往往"相忘于江湖"。如何既保持哲人们推崇的人类淳朴德性和不争不竞的秩序，又能满足人的物质欲望，提升人的文化水平，这是至今也没有答案的，我们当然不能苛求老子。

　　思想家往往是不与时代同步的。他们或超前于时代，提出未来之蓝图；或落后于时代，留恋过去之社会道德状况。超前的思想家发现当代之不足，恋后的思想家发现当代之所失。他们共同发现当代的缺与失、当代的不完美，并从而对之进行批判。唯其批判，才是文化。文化的本质使命即是批判。老子就是这样的一位恋后的思想家。

　　老子的思想，即是这种批判哲学。鲁迅《汉文学史纲要》中说："老子之言亦不纯一，戒多言而时有愤辞，尚无为而仍欲治天下。其不为者，以欲无不为也"。一针见血地把老子的真实思想及独特的表达方式揭示了出来。老子的很多怪话，不过是批判现实、发泄不满的愤激之辞啊！

不敢为天下先

实际上，老子对如何治理天下谈得并不多。对这种"外王"之学特别感兴趣，并花大力气去研究的是儒家，道家则有点不屑。他们在这方面，有点世外高人的味道，讲究要言不烦，点到为止。后来的庄子在这点上表现得最为明显。以老庄为代表的道家，更关注的是个体在这个处处充满险诈陷阱的世界上如何自处，如何与他者打不得不打的交道，而又能避其蜂虿之害。老子的思想中，这一点尤为突出。人们对他的爱恨情仇，也主要集中在这方面。喜欢他的人，说他具有人生的大智慧；反对他的人，也因此骂他思想"阴险"。应该说，这两种评价都有道理，人们看到的是一个硬币的两个面。只是，我们应该思考的是，他为什么会有（或提倡）这样的人生智慧？他为什么如此"阴险"？这是他的个人品性，还是一种社会文化在他这样杰出人物身上的自然反映？

"阴"与"阳"相对，是弱势群体柔弱的象征。至于说"险"，在老子看来，那恰是这世界的基本特征，这个世界到处都是"收拾弱者的手段"（鲁迅语）。对于弱者而言，这世界真正是"险"象环生，弱者若无一点保身之道与制敌之策，岂不就任人宰割了？老子哲学推崇"阴"，我情感上愿意理解为他是在帮无告的人，无实力的人出主意的。在中国古代的封建社会，"阳"也是君，"阴"即是臣，由此我们也可以理解为老子在帮臣民出主意，以抗衡君权的压迫。这与他的后学韩非子尊君抑臣，帮君主出主意来算计可怜的臣子百姓，是大不相同的。老子毕竟不是"惨礉少恩"的刑法之徒。

不知是出于对弱者的鼓励与安慰，还是对强势者的蔑视与警告，他提出了"柔弱胜刚强"的观点。汉语由于缺少时态虚拟等表达，有些句子搞不清是客观已成之事实的描述，还是仅只表达一种愿望。像这"柔弱胜刚强"五个字，是对一种普遍存在的客观必然规律之描述呢，还是仅只表达一种可能性，一种弱者的阿Q式的愿望呢？从他整个的论述看，好像他确实是力图证明其普遍性，虽然我们看到的只是他对现象的罗列，还不是科学的证明。但若说这五个字是他的人生哲学之纲，是不大会错的。

　　　　我有三宝，持而保之：一曰慈，二曰俭，三曰不敢为天下先。

　　——我有三种为人处世的法宝，我谨持不放。第一个叫"慈"，第二个叫"俭"，第三个叫"不敢为天下先"。

　　把"不敢为天下先"算作人生三法宝之一，其中的信息值得玩味。我们知道，敢为天下先的个人，才能有创新精神，才能有所作为、有所成就；敢为天下先的民族，才能自立于世界民族之林，才能有所发明、有所创造，对人类有较大的贡献。但老子却抛弃了这种勇气与精神，转而提倡相反的观念。这当然与他反对文明进步有关，但最主要的、最真实的原因，还是他看到了，在一种日趋保守和退化的社会中，在一种专制的政体与僵化的文化环境中，为天下先是要倒霉的。不敢为天下先，是从险恶的政治和社会环境中滋生出来的充满毒素的"智慧"啊（实际上，在中国的传统文化中，消极性的智慧相当多，甚至多于积极性的智慧）。这地方是"不敢"而不是"不愿"，这就提示我们问题症结之所在。"不敢"是老子的法宝，是他的经验，这种经验肯定来自我们整个民族从"敢"到"不敢"的过程。为什么要"不敢"呢？因为：

勇于敢则杀，勇于不敢则活。

——勇于敢为的人就被杀，勇于退缩不为的人则能活下来。

如果说"勇于敢为"是个人的品性，但导致有这种品性的人常常被杀戮，那不正是社会的问题吗？再看：

强梁者不得其死。

这难道不是我们这个社会自古以来的普遍经验和鲜

血常新的教训吗？为了说明这样观察社会并得出这种
"愤激"的结论不是由于老子本人认知能力与情感倾向
的问题，而确实是社会的问题；或者说老子的这种认
识不是出于个人的偏激的评价方式，而是出于严谨的、
有丰富证据的科学结论，就让我们来看看孔子的观察
报告吧。

> 闵子侍侧，訚訚如也；子路，行行如也；
> 冉有、子贡，侃侃如也。子乐。"若由也，不得
> 其死然。"（《论语·先进》）

——几个弟子站在夫子身边，闵子是正直而恭顺的
样子，子路是雄赳赳的样子，冉有、子贡是温和快乐的
样子。夫子环视他们，粲然一乐。但马上又忧心忡忡地
说："像仲由这样刚强勇敢，恐怕不得好死啊。"

孔子的个性是和老子大不相同的，两人的价值取向
也大异其趣，但他俩提供的社会考察报告在这一点上是
惊人地相似，见解竟是惊人的一致，这只能说是由于生
存状态的一致。

就因为子路雄赳赳气昂昂，孔子就判定他不得好

死，这难道不是对"强梁者不得其死"的社会感触良深吗？而且后来的事实更证明了他预言的正确——或者说证明了"强梁者不得其死"这一规律的正确——在卫国孔悝之乱中，子路果然因刚直不挠不肯退缩——也就是他不能"勇于不敢"——被人剁为肉酱。还有更好的例子，秦始皇统一天下后，在"坑儒生"（这些"儒生"是思想上的"强梁"）的同时，又"杀豪俊"。这个例子可以让我们明白，是什么东西造成了"强梁者不得其死"的现实。同时也提醒我们，在权力至上的社会里，强梁者是不得好死的。权力与强梁是相克的一对，权力需要的是服从，是一致，所以历代的封建统治者、专制君主是决不讲"优生"的。当然，被压迫者生下来就体力孱弱，智力愚弱，心志卑弱，也就减少了反抗的可能，减少了权力受到挑战的可能，这对统治者而言未尝不是"优生"。

柔弱胜刚强

既然"强梁者不得其死","勇于不敢"的人便活得满世界都是,而"柔弱"也就是最佳的处世姿态:

> 人之生也柔弱,其死也坚强;万物草木之生
> 也柔脆,其死也枯槁。故坚强者死之徒,柔弱者
> 生之徒。

——人在活着时肢体柔弱软和,当他死了时便僵直坚硬。万物草木也同样如此,其生时柔和软弱,其死时枯槁坚硬。所以,"坚强"属死亡一类,"柔弱"是生存一属。

这是老子对生物界的观察,并由之推出社会界完全相同的情形。

> 天下莫柔弱于水,而攻坚强者莫之能胜,
> 以其无以易之。弱之胜强,柔之胜刚,天下莫

不知，莫能行。

——天下没有什么东西比水更柔弱，但这柔弱的水一旦攻坚胜强，却没有什么东西能胜过它。因为没有什么东西能让水改变它的本性。弱战胜强，柔克服刚，天下没人不知道这个道理，却又没人能按此道理行事。

这是水的赞歌，又是人生的叹息。天下还有比水更柔弱的吗？还有比水更随和而没有个性的吗？随物赋形，是其温柔，是其卑弱，但攻坚胜强，舍水其谁！它"以天下之至柔，驰骋天下之至坚"，是老子思想的最典型体现者。

既然柔弱胜刚强，最好的制胜之道便是守住柔弱，而不要追求极盛。月圆而亏，日中而倾，物方生方死。"大曰逝，逝曰远，远曰反""反者道之动"，世界万物都处在一种循环之中，所以守住弱，便是守住了发展的生机，而鼎盛则是走向衰败的转捩。所以一旦强大，万不可轻傲，而更要谦恭自守，甚至自损，以保持持续的生机：

知其雄，守其雌，为天下奚。为天下奚，

常德不离，复归于婴儿。

知其白，守其黑，为天下式。为天下式，常德不忒，复归于无极。

知其荣，守其辱，为天下谷。为天下谷，常德乃足，复归于朴。

——即使知道自己是雄，也要以雌的态度自守，做天下的谿壑。做天下的谿壑，正常的德性就不会偏离，就会复归于婴儿般纯洁无邪而快乐的境界。

即使知道自己是突出的风光，也要以卑微黯淡自守，做天下的轼（扶手）。做天下的轼，正常的德性就不会差错，就会复归于永恒。

即使知道自己是光荣的，也要以屈辱自守，做天下的山谷。做天下的山谷，正常的德性就会充足，就会复归于自然。

而柔弱如何才能战胜刚强呢？

将欲翕之，必固张之；将欲弱之，必固强之；将欲废之，必固举之；将欲取之，必固予之。是谓微明。柔胜刚，弱胜强。

——想要压缩它，一定要先扩张它；想要削弱它，一定要先强化它；想要废弃它，一定要先推行它；想要取消它，一定要先支持它。这是最普遍的道理。这样做了，就可以柔胜刚，弱胜强。

老子的处世哲学受到了很多人义正词严的批判，这是完全可以理解的，因为我们不可以像老子所说的那样生活，那样社会就太卑污了，我们自身也太肮脏了，我们不能像老子所说的那样自渎清白。但我在这里要为老子辩护几句。由于汉语缺乏必要的时态限制和虚拟语气，有些句子我们既可以理解为作者的理论主张，也可以理解为对一种客观事实的描述。我们就看刚才分析的句子，"勇于敢则杀，勇于不敢则活"，我们可以把它看成老子的理论主张，看成是他的一种提倡；但也可以把它看成老子对一种社会现象的描述。那么，这句话就可以理解为："在这个世界上，勇于敢的人就要被杀，勇于不敢的人则可以活下来。"这不就成了老子对这种颠倒的社会现象的愤激之辞了吗？

我认为，读老子的著作，重要的不是看他提倡什么，而是要思考他为什么要这样提倡。正如我们一定要思考，为什么孔子对强亢的子路老是予以折挫，希望他能柔弱一些。我们要重点看他向我们描述了什么，看他向我们描述的生存状态是多么可怕。人生哲学一般包含两个内容：首先是对生存状态的研究与描述，然后才是在此生存状态的基础上提出的相应的生存态度或生存对策。显然，起决定作用的乃是生存状态。所以对老子的哲学，我们应侧重研究他所描述的生存状态，看他所描述的我们这个民族的生存状态是多么可怕。

马克思说，中华民族是早熟的儿童。但问题是，一个民族早熟未必好，烂熟更不好。老子所处的是什么时代？应该是人类的童年时代吧？从野蛮状态走出来才几百年，文字的成熟也才几百年。可他已经是"老子"而不是"孩子"了。浪漫天真的希腊人在地中海那边唱着童谣一般的英雄史诗，在海滨的灿烂阳光下相互炫耀他们健美的体形和膂力。而地球的这一侧，却是苦难重重。什么样的血没流过？什么样的阴谋没有被制造过？什么样的悲剧、闹剧没有上演过？什么样的纯洁没被玷污过？什么样的正义与良心没有被扼杀过？什么样的邪恶与残忍没有猖獗过？什么样的友情没有被利用过？什么样的信义没有被出卖过？

老子熟读历史，他的心早就冷了。他知道丑恶是用什么掩盖着的，真善美是用什么名义去扼杀的。鲁迅不也从中国布满"仁义道德"的文字缝中看出"吃人"二字吗？老子是对人性失去了信心的人。历史太黑暗了，在阴暗的散发着霉变之气的档案馆里青灯苦读的老子，心灵也不免随之阴暗；现实太邪恶了，饱学博识的老子亦不免随之油滑，甚至狡诈。这是黑暗的历史与现实侵蚀正常的心灵，使心灵亦随之蜕化变质的典型事例。老子《道德经》中朗朗上口的韵文，也是变态心理学的典型材料啊！

　　颠倒的世界扭曲了思想家的心灵，也扭曲了他的哲学。老子的哲学，是夹缝中生存的技术，是盘根错节的社会中游刃有余的智慧，是专制社会中唯一能保护自己肉体存在的法术。其诀窍就是通过压缩主体精神与人格，来取得苟且偷生的空间。一句话，有专制，必有老子思想。正如有专制，必然导致全社会的变态。所以，与其批评老子提倡一种不健康的人生哲学，不如批判老子所描述的那种不健康的生存环境与文化传统；与其喋喋不休地提倡一种"正确"的生活态度，不如先想法建立一种正当的社会秩序。因为只有有了正当的社会秩序，人才能用正当的方法生存于社会。当我们用正当的方法不能生存于这个社会，只能利用歪门邪道时，是我们的不道德，还是社会的不道德？

身随心去

　　无论是治国之术，还是处世之道，老子都有自己极独特的见解，而且这见解，无论是在自然界还是社会界，都确实能找到印证。他一定认为自己发现了人类社会的病根，找到了自然宇宙的奥秘。我们知道，思想独步无人之境的人是寂寞的，而思想为现实拒绝，其寂寞就更无可名状。"吾言甚易知，甚易行。天下莫能知，莫能行。……知我者希，则我者贵。是以圣人被褐而怀玉。"于是，这位看破人生的老者，击釜而歌：

　　　　众人熙熙，如享太牢，如登春台；我独泊
　　兮其未兆，如婴儿之未孩，累累兮若无所归。
　　众人皆有余，而我独若遗。我愚人之心也哉！

沌沌兮！俗人昭昭，我独昏昏；俗人察察，我
独闷闷。澹兮其若海，飂兮若无止。众人皆有
以，而我独顽似鄙。我独异于人，而贵食母。

——众人都兴高采烈，像赴宴，如游春。而我不显
露自己，淡泊宁静。混沌如婴儿，闲散似无家。众人富
足我穷乏。我是愚人吗？人人都精细，唯独我昏茫。人
人都明察，唯我笨头笨脑。沉静恬淡如大海，飘逸无系
不知止。众人各自有所得，我独顽冥又陋鄙。我与众人
本不同，依道而生随道死……

　　读到这样的诗句，我们就知道老子为什么要出关
了。他已不得不出关，因为他的心灵早已"出关"，早
已冲破人生的、精神的牢笼，而达于自然大化。他的精
神与心灵早已生活在别处，生活在"道"的深处，这是
哲学、这是诗；是哲学诗、是诗哲学。长歌当哭，涕泪
和流。他为自己感动，为寂寞感动，为无所不在的主宰
我们的道而感动。这是独自一人领悟世界真谛，独自一
人窥见世界本质之后的激动与感恩，弘一大师圆寂之前
说，他的感受是"悲欣交集"，老子出关之前也应该是这
种感受吧。当他走出守藏室时，满头风霜，一脸慈悲，

他的心智已洞穿人生的厚壁。在阳光下他眯眼看人间，人间混乱而无道，正如一塌糊涂的历史。他心如止水。一切把戏他都已了如指掌，各色人物他也都似曾相识。周朝的大厦将倾，山河将崩，九州幅裂，小小的守藏室亦将面临一场浩劫，"金玉满堂，莫之能守"，那些厚重的典籍守不住也藏不住了。他抬头看看西天的晚云，去意满怀，是的，该走了……

　　他走进了历史的迷蒙处……

人类之子

孔子长相颇怪

　　"文革"期间，批判孔子，从他的出身上找他的"阶级性"，于是便大骂他是"没落贵族"，站在统治阶级立场上，所以他的思想是反动的。这当然是错误的判断方法，但说他是"没落贵族"，却并不错。据司马迁的《史记》和《孔子家语》的记载，孔子乃是商代"三仁"之一微子的后代。那个有名的"仁义之师"的统帅宋襄公，便和他同宗同祖。难怪他也像宋襄公那样泥古不化，自讨苦吃。用古老的仁义道德去对付现世的流氓强盗，这也是他家族的遗传秘诀，只可惜常常不灵。到孔子的六世祖孔父嘉，"五世亲尽，别为公族"，不再属公室，而只是名列公族，真正是"没落贵族"，姓也成了"孔"。后来孔父嘉又为人所逼而奔鲁，连公族也要除名。到他父亲叔梁纥，便是连人丁也很寥落了：正妻连生九女，一妾生子叫孟皮，却又是个跛子。年近七十的叔梁纥大约非常绝望。但他还要做最后的努力，于是便向颜氏求婚，颜氏少女颜征在"从父命"而嫁给了古稀之年的叔梁纥。这"从父命"三字很有意思，可能颜征在并不自愿，而是为父权所逼。后来叔梁纥死，颜征在不告诉孔子其父亲的墓地所在，都令人疑心这一对强扭的瓜不甜。所以，司马迁也说这是"野合"，"野"与"礼"相对，夫妻双方年龄差别太大，不合周礼，所以这婚姻不是"礼合"，而是"野合"。"野合而生孔子"，这实在太有意味了，为什么呢？孔子终其一生都为"礼坏乐崩"而头疼、而愤怒、而奔走呼号，要人们"克己复礼"，孰料他本人即是不合"礼"的产儿呢。可见这世界，没规矩固然不行，没人敢坏一坏规矩也不行。如果他的那位老父亲真的克制自己来恢复周礼，可就没有孔子了。要知道，这不合"礼"的产儿，竟是他们这古老家族之链上最辉煌的一环，也是我们这古老民族历史上最辉煌的人物，是人类之子。

孔子的长相颇怪，他天生的脑袋畸形，"生而圩顶"，头顶中间低，四周高，为《史记》作索隐的司马贞描述说，其形状好像倒过来的屋顶。名之曰丘，固当。当然，这是司马迁的说法。其实，他叫孔丘，还有一个说法，说是他的父母为求一子，祷于尼丘，故生下他后，便名之为丘，字之为尼，又因排行第二，叫仲尼。关于他奇特的长相，不知命相学家是如何解释的。这种头顶是否暗示着他承受了更多的天地之甘露阳光？孔子自学而成大才，其天赋必然很高。而其身长亦不凡，"九尺有六寸"，这在那时可以说是"小巨人"了，"人皆谓之长人而异之"，他是真正的齐鲁大汉。不过，这个"长人"的身影更长：一个民族两千多年都遮蔽在他的身影之下。

他的长相，司马迁还借他人之口，给我们提供了另外一些资料。有一次，孔子带着他的弟子到郑国去，却和弟子走散了。孔子一个人呆呆地站在城东门口，一副失魂落魄的样子。郑国人看见了，就对寻找老师的子贡说："东门那里站着一个人，他的额头像唐尧，后颈像皋陶，肩膀像子产，可是腰以下比禹短了三寸。落魄得像个丧家狗。"这个郑国人倒像很有知识，他如何便如此熟悉唐尧、皋陶、子产和大禹的长相和身材，连三寸的差别都能看出来？此人定是隐士，且这番话里也定有他对孔子的讽喻。可惜的是他这番话，对我们了解孔子的长相毫无帮助，因为我们不知道那四个人是什么样的，但他最后一句"累累若丧家之犬"的比喻倒很传神——他的话虽不能给我们一个孔子的形，但可以给我们一个孔子的"神"——精神、气质、神态。并且这个描述还得到孔子自己的认可。当子贡把这个家伙的话转告给孔子后，他对前面什么类同古代圣人长相的说法表示谦虚不受，但对"丧家之犬"的说法却欣然受之，并连声称赞："说得真像啊，真像啊。""文革"期间，我们也屡屡以"丧家之犬"来骂孔子，其实，这实在是一个很哲学化寓意很深的比喻，提升一点说，这简直是对人类整个生存状态的隐喻，它的价值不亚于人类被赶出伊甸园的隐喻。这是对人类的最高尚的称谓。我们谁不是丧家之犬？但只有孔子这样的大哲才能对这个妙手偶得的比喻了然于心并欣然受之。

崩溃的时代

宋人说，"天不生仲尼，万古如长夜"。好抬杠的李贽就此讽刺道，怪不得孔子出生之前，人们都点着蜡烛走路。我想，话不能这么说，也不是这么说的。人家是比喻，你怎能做实了骂人？我觉得，孔子确实是悬挂在那个遥远时代的一盏明灯，他使我们对那个时代不再觉得晦暗和神秘，他使那个时代的人与后代、与我们沟通了。我们由他知道，那时的人心与我们是相通的。那个时代也发生着与我们今天一样的事情：暴力和弱者的呻吟；混乱和宁静的企望；束缚与挣扎；阴谋与流血；理想碰了钉子；天真遇见邪恶；友情温暖；世态炎凉。在他手订的《诗经》中，我们甚至可以体验到最个性的感受。当那些面孔不一、情性各异的个人复活时，那个时代不也就复活了吗？

孔子生活的时代，在他看来是一个衰退的时代、崩溃的时代，是一个多欲而缺德的时代，他为之伤心不已：辉煌的"郁郁乎文哉"的周王朝已是日薄西山，伟大的周公早已英魂远逝，他制定的"礼""乐"也土崩瓦解。那周天子分封的诸侯，此时一个个都似乌眼鸡，哪有当初分封时、会盟时的彬彬有礼与和睦亲善？见面时，如仇人相见，分外眼红；日常时，更是你砍我杀，尔虞我诈。他们这样砍杀胡闹的结果，便是"弑君三十六，亡国五十二"，这些乱臣贼子，个个生龙活虎。可在他们互相砍杀中吹灯拔蜡的，都是周天子亲自分封的诸侯，且许多还是姬姓同胞啊。岂止是同胞"诸侯"？连宗王西周不也被犬戎攻灭了吗？西周古都废墟上的青草与野黍也一茬一茬地青了又黄，黄了又青，根深而茎壮了，掩埋在草丛中瓦裂的陶器早已流尽了最后一滴汁液。九鼎不知去向，三礼流失民间。东周呢？龟缩在洛邑弹丸之地，可怜巴巴地看着那些纵横天下的伯霸诸侯，看他们把九州版图闹得瓜分而豆剖。无可奈何花落去，还有谁来用红巾翠袖，擦去周王浑浊的老泪？金庸曾嘲弄那些士人"当时尚有周天子，何事纷纷事诸侯"，岂止一般士人，连孔子本人都不曾去侍奉那个天子。在这种时候，孔子打出"兴灭国，继绝世，举逸民"的旗帜，真无异于痴人说梦。他一生都在追寻，他周游列国，颠颠簸簸，既是在找人，找一个能实施他主张的

人，更是在找过去的影子，找西周昔日的文明昌盛。面
对这一伟大帝国的文化废墟，孔子领悟到并承诺了自己
的使命。但挽狂澜于既倒，或知其不可而为之，只不过
是一种令人钦敬的悲剧精神罢了，他最终失败了。当他
奔波倦极归来，在一条小河边饮他那匹汗马时，他偶然
从平静的流水中惊见自己斑驳的两鬓，"甚矣，吾衰矣"
（太惨啦！我已经衰老了）！接着又惊觉："久矣，吾不
复梦见周公。"不仅在现实中没了周公，连梦中也没了
周公。他顿时心凉如水。这衰弱的老人，他的多少雄心
都失败了，多少理想都破灭了。壮志不酬，眺望茫茫无
语的宇宙，他心事浩茫。人世渺小，天道无情，青山依
旧，哲人其萎。于是，一句意味深长的叹息便如一丝凉
风，吹彻古今——"逝者如斯夫！"

更为伟大的力量

我们说孔子在那个时代的种种主张都无异于"痴人

说梦"，他确实是一位"痴人"。痴人往往是因情深而痴，孔子就是这样。因情而痴的孔子常常沉湎在对过去的怀想之中，他向往那伟大的时代；敬仰那些伟大的人物，如文王、武王、周公；倾慕那伟大的礼乐文化及其伟大的世俗成就。他追随着，但却发现它们渐渐远去，成为缥缈的梦或沉重的废墟。"郁郁乎文哉！吾从周！"可是周朝已无可奈何花落去。"逝者如斯夫！"他只能报以一声叹息。是的，任你落花有意，怎奈流水无情？而一往情深正是孔子的性情特征。我们说他是历史学家、教育家、思想家、政治家，但我还要说，他是一位时代抒情者，抒得动情、感人。在一个抽象的、冷酷的、沉闷的老子之后，出现一个一往情深、感怀万端的孔子，确实也是很合乎历史逻辑的。孔子对世事，比老子认真，有理想且执着，不同于老子的世故。但在另一方面，他又比老子宽厚，内心比老子阳光，易于被感动，并能在人间自得其乐。如果今天邻居没死人，自己又没有特别的碰壁，他便会快快活活过一天。他热爱艺术，尤其沉湎于音乐与诗歌，他更有诗人情性。所以，如果说老子让我们在他的深刻面前倍感压力、沉重与冰冷，那么，孔子则让我们在他的温情面前，感受到一种温软、一种熨帖。这实在是让我们大大松了一口气，历史终于在绝望中咧口而哭出了声，一些可怕的心理能量在孔子的歌哭、幽默、感喟中被释放了。

　　孔子与老子的区别还不仅在性情上。老子是一个绝望的否定主义者，而孔子则是一个乐观的理想主义者。他的世界"大同"的理想比起老子的"小国寡民"的原始村落，区别岂止是一"大"一"小"！更本质的，还在于孔子对人性是温和的、维护的，而老子对人性则是恐惧的、否定的。所以，老子以"出关而去"表达了他对社会，甚至对人类的弃绝——我们可以说他是自绝于社会和时代；而孔子则终生与这个社会相厮守，恩恩怨怨，却无怨无悔。他卓绝的努力，使一些无序的暴力变成了有目的、有方向的努力与企望，他使天下英雄入于他的彀中，并带着这些社会精英致力于建构新的理想。当混乱的历史有了理想与方向时，混乱就不再是一无是处，相反倒显示出一种蓬蓬勃勃、生机无穷的魅力。春秋战国时代固然是一个血与火的时代，是骨肉碰钝了刀剑的时代，是杀人盈城、尸骨盈野的时代，是嗜血嗜杀的时代，这是那些混战的诸侯们一手造成的时代。而同时，它不也是一个充满理想，充满激情，充满公理、仁德的时代吗？谁开辟了这样的时代？是孔子。老子与周朝一同随夕阳而去，孔子却与那些混世魔王的伯霸诸侯们一同出现。一边是残忍，一边是仁慈；一边是混乱，一边是宁静；一边是带血的屠刀，一边是如椽的巨笔；一边争夺的是土地珍宝、子女玉帛，一边争鸣的是礼义廉耻、道德文化。谁是这个时代的主宰也许并不重要，谁预示着未来的方向倒更值得我们敬重。我们当然可以说是枪杆子里面出政权，刀把子掌管着印把子，但有一种力量可能更伟大——那就是理想的力量、精神的力量、道义的力量、良知的力量。

韩非曾嘲笑孔子凭自己的德行只能聚集七十子之徒，而鲁哀公这样的下等君主却能凭权势得到一国之人的服从。但是，历史真的是由这些骄横的权势与盲从的群氓所造就，还是由如孔子及其七十子之徒这样的精英人物所引导？非常具有象征意义的是，当孔子和弟子们周游列国的时候，他自己驾车。他确实是在驾着这个时代的马车。弟子们在车上，或疲惫假寐，或心事重重，一脸迷惘与怀疑，只有他永远目光炯炯，自信目标就在前方。《论语》中记录了不少这样的情景。这些情景都是真实发生过的。但在另一方面，它们比虚构的哲学寓言更富于象征隐喻的内涵。比如这一个故事：

　　有一次，在一条小河边他们找不到渡口了。
远处的水田中有两人在耕作，子路便上前去打问。
　　其中的一个细高个——《论语》记之为"长
沮"——却不回答子路的询问，而是反问子路：
"那个执缰绳的人是谁？"
　　子路恭敬地回答："是孔丘。"
　　"是鲁国的那个孔丘吗？"
　　子路答："是"。
　　细高个冷冷地就来了一句："既然是鲁国的
那个孔丘，他应该知道渡口在哪里嘛。"

　　显然孔子知名度颇高，在当时的知识界已卓有名
声，并且大家都了解他的行为与追求。这位细高个说的
"他应该知道渡口在哪里"，是一句语含讽刺与劝诫的双
关语：他应该知道去走什么样的人生之路。

　　没奈何，子路只能按捺住火气，转过身去
问另一位，魁梧雄桀的大块头——《论语》记

之为"桀溺"。

大块头也反问子路:"你是谁?"

子路仍然是恭敬地回答:"我是仲由。"

"你是孔丘的门徒吗?"

"是。"

现在又轮到大块头来教训子路了:"天下混乱,举世皆然。谁能改变这种局面?我看你身体强壮,稼穑耕种,力可胜任,为何不努力努力,使自己做个好庄稼汉?与其跟随孔子这样的避人之士东奔西走,唇鼓摇舌,倒不如跟随我们这些避世之士,躬耕垄亩!"

要明白桀溺的这些话,还得先解释两个词:避人与避世。什么叫"避人"呢?避人就是择人,就是避开昏庸无道的诸侯,而去寻找能接受自己主张的所谓明君,从而借世俗权力实现治国安民的理想。良禽择木而栖,贤才择主而事,孔子一心要救世,他恓恓惶惶的马车在诸侯列国之间奔走来往,就是要避开身后的昏君而去寻找前面的明君。所以,桀溺把孔子看作是"避人之士"。什么是"避世"?在"避人"的基础上再进一步,认定天下不可能有什么诸侯还能与他一起改变这世界，于是彻底冷了心，闭了眼，彻底绝望。自己既无力改变世界，也无世俗权力可借用，只好回到田园中去，回到自己的内心中去，告别都市、政治与熙熙攘攘的外部世界，庶几可以保持自我的清白，就叫避世。子路碰到的这两位，就自称"避世之士"而显示与孔子的不同，并表示自己在智慧上比孔子高明，在道德上比孔子高洁。

子路本很强亢骄傲，却被这两人教训得哑口无言，垂头丧气地回来向孔子汇报。孔子听完，颇触动心中痛楚，谁说这两位隐士说得不对呢？这不也是孔子自己内心中常有的怀疑吗？但他历尽艰辛，学而不厌，"十年磨一剑，霜刃未曾试"，难道就此卷而怀之吗？他有教无类，诲人不倦，门徒三千，贤者七十二，难道就是为了培养一批隐士，或者懂文化的农夫吗？为了理想，他是坚定的；仁以为己任，他是弘毅的。他说："人总不能与鸟兽一起生活在山林之中吧，我不和芸芸众生生活在一起，与他们共享欢乐、共担不幸，我又能和谁生活在一起呢？他们说天下无道，但天下无道，正是我们介入世界为公理而战的时刻，也是我们必须介入的原因，而不是我们退避的借口。不正因为天下混乱无道，才需要我们去承担责任吗？假如天下有道，我孔丘难道还会介入其中试图改变什么吗？"

司马迁在《孔子世家》中复述了《论语》中的这个故事。显然司马迁并不是因为其故事性更适合传记的文风而加以选取。这里面有孔子的精神与人格，也有孔子的无奈与执着，有孔子的伟大处，亦有孔子的虚弱处。两千多年了，那条汤汤小河边发生的争论就好像发生在昨天。这几个人似乎还在我们身边。我尤其为孔子感动。他恓惶而寂寞、迷惘而执拗。"志于道"的人越来越少了，不少人顺应潮流，从而成了新贵；又有不少人冷了心，折断宝剑为锄犁，平戎策换得种树书。望望眼前，路漫漫其修远兮，知我者希，则我者贵，明君何在道不行；看看身后，追随者渐渐寥落，还渐渐堕落，未见好德如好色。这位可敬可叹的老人，想凭自己个人的德行与魅力来聚集一批年轻人，让他们传道义之火、文化之火，解民于倒悬，匡世于既颠，但他们的行为，渐渐成为人们眼中的另类、异己，甚至异端。他的不合时宜，不仅在他身后，比如今天，一直受人嘲弄，即便在他生前，便已受到当时人的冷眼。

但孔子让人尊敬也正在此。他的伟大正在这种"知

其不可而为之"的殉道精神。"三军可夺帅也，匹夫不
可夺志也"（三军可以更改主帅，匹夫却不能逼他改变
志向）。匹夫尚且不能夺志，更何况圣人之志？圣人得
天地浩然正气，至大至刚，岂可屈挠？天下一团漆黑
了，"适者生存"的原则下，不少原先追求光明的人也
练就了猫头鹰的眼睛，从适应黑暗而进于喜欢黑暗，为
黑暗辩护。他们把这称为提高了觉悟和认识，并且得道
似的沾沾自喜于在黑森林中占据了一根枝丫，又转过头
来嘲笑别人不知变通，这可是古往今来的共同景观。而
孔子，这位衰弱的老人却在那里一意孤行！敢于一意孤
行的人必有大精神、大人格。一位楚地的狂生曾经警
告过孔子："你过去糊涂就算了，以后你可改了吧！算
了吧算了吧，现在追随政治危险得很啦！"（往者不可
谏，来者犹可追。已而已而，今之从政者殆而！）但政
治危险，是我们放弃伦理责任的正当理由吗？置天下苍
生于不顾，听任他们受暴政的煎熬，自己闭目养神，这
种行为真的是"修养高深"的体现吗？为什么我们总是
有一些小文人鼓吹这样的所谓"人生境界"？"政者，
正也"——这个"正"，既是名词，正义；也是形容词，
正义的——从而一切不正的（包括所谓的"政治手腕"）

都不是"政治"，而是邪恶；还是动词，矫正，对暴政的矫正，对黑暗政治的更正。所以孔子庄严宣告："志士仁人，无求生以害仁，有杀身以成仁。"这种伟大的精神岂是那些蝇营狗苟的小文人所能理解的？

中国的文化传统中，有一种极古怪的现象，那就是人格理想与伦理责任的分离。最受人敬仰的人格乃是那些在天下苦难面前卷而怀之、闭目养神的隐君子！他们的伦理关怀哪里去了？他们的道德痛苦哪里去了？作为知识分子，他们的基本人道精神哪里去了？难道我们不应该要求知识分子以起码的价值关怀吗？但我们却偏偏认为他们是涵养最高的人，人们从来不问他们的伦理关怀与人文精神。比如在当代，我们总是在一些通俗类读物中看到一些小文人撰文沾沾自喜于自己在中年或什么年之后，对"不平之事"和"社会丑恶现象"也能心平气和了。他们自喜于自己境界的"上升"，但殊不知这正是堕落，且日趋下流，并成为丑恶的一部分？！鲁迅禁不住对这种人怒形于色：泰山崩，黄河溢，隐士目无见，耳无闻！一个人让人尊敬是有条件的。在孔子那里，在他的学说之中，那种古典的崇高确实让我们这些聪明机灵的后来人愈显下流而无耻。

更为伟大的事业

　　上文中，长沮、桀溺两位隐士讽刺孔子，从政治黑暗立论，还有些愤世嫉俗的味道；而下面这位"老男人"对孔子的批评竟从推崇"体力劳动"立论，就很让人莫名其妙了：

　　　　子路从而后，遇丈人。以杖荷蓧。
　　　　子路问曰："子见夫子乎？"
　　　　丈人曰："四体不勤，五谷不分，孰为夫子？"植其杖而芸（耘）。
　　　　子路拱而立。
　　　　止子路宿。杀鸡为黍而食之。见其二子焉。
　　　　明日，子路行以告。
　　　　子曰："隐者也。"使子路反见之，至则行矣。
　　　　子路曰："不仕无义。……欲洁其身而乱大伦！君子之仕也，行其义也。道之不行，已知之矣。"

——子路跟随孔子周游列国，掉队了。遇上一位老人，用木杖挑着除草的农具。

子路问："您看见我老师了吗？"

老人说："四肢不勤劳，五谷分不清。谁是老师？"把木杖插在地上，开始除草。

子路拱手站在一旁。

老人留子路住宿，杀鸡、做黍米饭给子路吃，让两个孩子出来见了子路。

第二天，子路赶上孔子，把这件事告诉了孔子。

孔子说："这是隐士啊。"让子路回去看老人。子路到了那里，老人却走开了。

子路说："不出来做官是不义的。……您想洁身自好，却乱了君臣间大的伦理关系（这是因小失大的）。君子之所以要从政做官，是为了推行义（而不是为了个人富贵）。至于我们的道不能行得通，（这是我们）早就知道的了。"

《论语·微子》篇中记录了这一段有趣又无趣的对话。有趣无趣都因为这个"丈人"立论的荒谬。但正是这颇为荒谬的立论："四体不勤，五谷不分"，后来成为不少人批评孔子的口实。（事实上，这位丈人批评的是子路。）在一个小农意识很浓厚的国家里，这种情形较易发生，并且较易引来阵阵喝彩。甚至人们还能这样想：你孔子四肢不勤劳，五谷分不清，你连一个农夫都比不上。这种毫无逻辑性的说法会引来更多的喝彩，因为很多人一下子从孔子的缺点中找回了自己的自信心。

但我要说，这种批评的荒谬性太明显了，而且这类荒谬可笑的思维，至少从孟子开始，就已经被清除了。孟子在对农家许行的批判中，已充分揭示了这种思维的简陋与荒唐。可是我们经常去历史的垃圾箱，把已被前人清理的东西拾回来。照这种荒谬的思维逻辑，我们必须分给陈景润一块自留地，由他自己播种，收获，磨粉，蒸馒头，吃下去，然后再去桌子边证他的哥德巴赫猜想。如果不是这样，他即使证出了 1＋1，由于他不会蒸馒头，于是我们就鄙夷他连一个馒头师傅都不如。

吾国吾民中，在这种思维层次上的人实在太多。如果我们告诉他，由于他不会偷窃，他连小偷也比不上，他会气得半死，但他就是找不出你逻辑上的毛病在哪里。

樊迟问稼问为圃，孔子怒不可遏，甚至在背后骂他是"小人"，又有不少人说这是孔子轻视体力劳动，现在的某些大学教材上就有这种说法。注意，是"大学"教材啊！我们在"大学"中，不但学不到"大"，还常常要受这种"小"气，受这种简陋思维的侮辱。问如何种菜种小麦，需要问孔子吗？孔子的回答："我不如老农民，我不如老菜农"，已经说得很明白了：你樊迟要学这些，你何必到我这儿来？你去问老农即是。要学腌泡菜、蒸馒头、切土豆丝，需要去中科院问博士生导师吗？你找一个胖大嫂或小媳妇即可。

以上的问题还在于，培养一个老农易，至少在孔子那时，还没提倡科学种田时是这样。那时候就没有什么农业技术学校，但遍地是老农在种麦子、种大头菜。培养一个知识分子就难了。孔子的时代，如孔子这样的士人，传播知识，提高人口素质，似乎比自己亲自参加劳动更迫切。所以，孔子的这些言行，与轻视体力劳动如何扯得上。这一位"植其杖而芸（耘）"的"丈人"，耘来耘去，也就那一亩二分地，所养活的不过就是他自己及家人，他所负荷者不过一蓧，与孔子之任重道远，怎么相比？孔子的学生达三千多人，而那时之人口总和，也不过三千万，这是一个让人难以想象的比例，他在多大的程度上提高了整个民族的文化水平？当然劳动致富，勤俭持家，养活家人，也挺好，但显然还不至于因此就有了贬低其他事业的资本与道德支持。这世界很大，人很多，有抵抗英军，赢得美国独立的华盛顿，也有在地里挖土豆的华盛顿弟弟。一个母亲两个儿，华盛顿固不必以自己的业绩骄弟，其弟也不能以自己挖出的土豆来嘲笑华盛顿。何况，二者固然不必接受道德上的伯仲之分，但华盛顿要完成的事业，比之挖土豆，其所负荷的责任所承担的重压，当有天壤之别，需要更多的个人付出与努力，需要更多的能力与素质，并且给更多的人（包括挖土豆的弟弟）带来福祉，则毋庸置疑。从这个角度讲，这个老男人，四体再勤，五谷再清，却仍然不能与孔子比。他自己的言行能够传留后世，还是沾的孔子的光呢。孔子耕耘的是什么荒？是文化之荒！培养的是什么苗？文化之苗！柳诒徵《中国文化史》云：

> 孔子者中国文化之中心也，无孔子则无中国文化。自孔子以前数千年之文化赖孔子而传，自孔子以后数千年之文化赖孔子而开。

孔子所给予我们这个民族的，甚至全世界的，又如何能估量？又如何是满脑子小农思想的人所能理喻、所能批评的？

仁以为己任

孔子的哲学核心是"仁"。在《论语》中，"仁"以不同的面目，在不同的背景下出现了无数次。这些闪烁不定的面容并不是因为孔子的"仁"没有"一以贯之"的主旨，而恰恰说明了"仁"内涵的丰富。樊迟问"仁"，孔子答曰"爱人"；颜回问"仁"，孔子答曰"克己"。曾子概括说，"夫子之道，忠恕而已"；朱熹解释说，尽自己的力量去办事叫"忠"，推己及人叫"恕"。"仁"的内涵里，主要的两方面就是"忠"和"恕"。有了这个"忠"，就会有足够的自我约束、自我鞭策；有了这个"恕"，就会有足够的对别人的宽容理解。孔子是把"恕"定义为"一言而可以终身行之"的，它的内涵平常而极重要。"己所不欲，勿施于人"，这是可以杜绝一切暴力与侮辱等非人道行径的思想。孟子后来讲"义"，就不大讲"恕"了，这就一步一步走向专制。孟子自有孟子的天真可爱，但他就没有孔子的可亲。孟子让我们紧张，让我们有压力，而孔子让我们舒缓从容。当然，孔子的"仁"，不仅仅是指一个人应当具有的人格境界，而且还应该是一个社会政治应当具有的政治品格，是公理，是正义。因而，在非常时刻应当"杀身以成仁"，而决不能"求生以害仁"。他自己一生倡导"仁"，实践"仁"，修自身为"仁"，又要改造社会政治为"仁"。修自身成"仁"，他是做到了，改造社会政治为"仁"，他失败了。但他"颠沛必于是，造次必于是"，正是在改造社会政治为"仁"的颠沛与造次中，成就他自身的人格之"仁"的。从来也没有关上门进行的自我道德人格修炼。人格人格，只有在人群中，才能以自己的行为定位自己作为人之品格。以孔子的智慧，他岂能不明白，在那样的条件下改造社会是不可能的？但他"知其不可而为之"，关键在于做！他可能已经意识到了他在未来的影响，所以他要用自己的行为树立一个榜样，以自己的生命点亮一盏明灯，使后世一切以各种借口逃避伦理责任的行为无所遁形。既然他已经在知其不可的情形下做了，而且做得如此艰苦、如此卓绝、如此寂寞，又如此轰轰烈烈、如此辉煌灿烂，又如此失败。因失败而辉煌，这是古典悲剧的基本定律，不失败何以感人心？不辉煌何以长人志？但这失败必须是大失败，必须是必然的失败，是自由在逻辑面前的失败，是个人意志在历史规律面前的失败，而且必须是主人公已经预知的失败。他已经预先知道结局了，但高傲的心性使他无法改变自己人生的方向。生命的投入是人格成就的最后一道工序，如干将莫邪之铸剑，最后必以自身的血肉之躯投入熔炉，用自己的血光赋予宝剑以阳刚杀气。况且，成功与失败如何界定？孔子本身的锤炼成功，即是那个时代的伟大成功！他的人格、精神、思想，他铸就的士人的品格、理想的光芒，他与他弟子们在列国间的穿梭与游说，如此等等，保持了这个社会的基本良心与良知、基本价值与道义，使斯文不灭于诸侯混战、道义不坠于列国相斫，这不也就是世俗的成功？！

孔子的"得其真传"的弟子曾参，有一段话："士不可以不弘毅，任重而道远。仁以为己任，不亦重乎？死而后已，不亦远乎？"正是孔子所锤炼出来的对"士人"精神品格的经典表述。曾子的这段话包含着两个推论，所以我们可以把它译成问答句：士为什么要宏大坚定？因为他们任重道远。为什么说他们任重？因为他们是把仁当作自己的人生责任的；又为什么道远？因为改造社会使之趋近人道达于"仁"道，是永无止境的事业。

而士，他们除非死掉，不然就不能卸下这副担子，停止他们的脚步。这就是自讨苦吃式的崇高。让人尊敬是有条件的，作为知识分子，不能因为你读了不少书，成了教授、学者、作家、诗人，有相当的专业造诣，就能受人尊敬，你还得有所承担。孔子及其弟子们，在那么一个时代，就已经意识到担当道义是知识分子的最高使命，甚至是无法摆脱的宿命了；就已经知道传承文化、对世俗政治执行文化批判是知识分子的基本职责了，他们怎能不伟大，又怎能不为这伟大而颠沛、造次！

　　一个故事可以看出孔子的坚持。

　　因为怕孔子到楚国后说陈蔡诸侯的不是，陈蔡的小政客们便把孔子围在郊野。身陷重重包围、危在旦夕之中的孔子，和他的弟子们在饥肠辘辘、满脸菜色中进行了一番有趣的对话，其主题是讨论道与势的关系。显然，孔子是有意识地利用这次挫折，来考验、考察和锤炼弟子们对道的忠诚贞定。孔子先叫来子路，问他："《诗》云：'不是犀牛不是虎，为啥暴露在荒野？'我们今天的情形真像这样啊。难道我的主张不对吗？我为什么落得这个下场？"忠厚的子路疑疑惑惑地说："是不是我们还不够仁呢？人们不信任我们？是不是我们还不够智呢？人们不放心我们？"孔子说："仲由啊，你听着，假使仁义的人一定受信任，怎么会有饿死首阳山的伯夷和叔齐？假使智慧的人一定行得通，怎么会有被纣王挖腹剖心的王子比干？"子贡进来了，孔子用同样的问题问他，子贡说："老师，你的道太伟大了，所以这狭隘的世界容不了你。你能不能稍微降格以求呢？"孔子说："赐啊，好的农夫只问耕耘不问收获，好的工匠只追求技巧而不追求苟顺人意。作为君子，修习大道，是不能讲苟合的啊。"最后是颜回入见，这位比孔子小30岁的小学生，聪慧谦让，悟性高，不爱显山露水，能过苦日子，对孔子的思想与性格有深刻的理解，是孔子最信赖的学生。他的回答，令夫子愁肠顿开："夫子之道至大，故天下莫能容。虽然，夫子推而行之，不容何病？不容然后见君子！夫道之不修也，是吾丑也，夫道既已修而不用，是有国者之丑也。不容何病！不容然后见君子！"孔子欣然而笑，说："说得好啊，颜家小子！将来你发财时，我给你赶车吧！"

天不灭斯文

　　孔子晚年，已厌倦于奔波。一生周游列国，至今迄未成功，可能患有严重胃病的他，也不适宜于在路上颠簸。于是，他又回到了父母之国鲁国。此时的他，对现实政治已彻底失望。鲁君无意用他，他也懒洋洋地不求用了。但孔子现实政治的失败可能正是上帝的旨意。他另有使命。他回到了礼乐文化的故乡，这是一个伟大文化的最后堡垒。拂去老屋窗棂上的蛛网和案几上的积尘，打开尘封的竹简，他开始埋头于古代典籍的整理。在被自己的时代拒绝之后，他最终成功地通过文化符号进入了未来的世纪；在被几个诸侯国的诸侯和政客拒绝后，他的影响力却穿透时空，遍及全世界，名声响彻天下。

　　在周游列国寻求现实政治上的成功之前，孔子即有了"圣人"之名，并得到了很多人的追随。追随他的人，有的年龄与他差不多，如曾皙，更多的是年轻人，而且这些人出身不同，有贵族、有平民，甚至有野人、强盗。但"有教无类"的孔子一概鼓励他们上进，而不计较他们的过去（用他的话说，就是"与其进也，不与其退也"）。随着追随者日多，他的"私学"也日趋成形。我认为，若论孔子最伟大的贡献，他的"私学"当是重要的一项。最初开办私学的人未必就是孔子，但把私学办成传授文化、培养人格、培养知识阶层的场所，则毫无疑问首推孔子。正是在他的私学里，出现了中国历史上第一批真正意义上的知识分子。

如果我们要问，在中国历史上，有无既非世袭贵族，也非科举士大夫的独立知识分子？答曰：有，这就是先秦的"士"。谁第一个大批量地培养出这些"士"？答曰：孔子。他有门徒三千，其中身通六艺者七十二人（一说七十七人）。这是一个惊人的数字，尤其在那样的时代条件下，尤其在那样的总人口比例下。若问，谁促成了文化的独立，使文化由主流意识形态、官方意识形态演变为"士"之意识形态？答曰：孔子。谁赋予了文化独立批判的功能，使执行文化批判和社会批判成为文化的本质属性？答曰：仍然是孔子。

孔子的伟大文化事业还不仅仅表现在他的私学上，据司马迁的记载，"六经"都是经他手订的。也正因了他的手，这些积满时光尘土的古典才成为"经"，而为后世不断地钻研，又在这不断的琢磨中发出历久弥新的光芒。那本"饥者歌其食，劳者歌其事"的三百零五首"诗"，记录着那么遥远时代的真切的痛苦，更是因为他的手订，一跃而成为"六经"之首。千百年来，"子曰"与"诗云"并称。实际上，就是因了"孔子曰"、孔子的赞誉，《诗》的"云"才成为中国古代文学的圣经。他对这三百零五首《诗》说过些什么呢？他和子夏讨论过"巧笑倩兮，美目盼兮"；他和子贡讨论过"如切如磋，如琢如磨"；他说："不学《诗》，无以言。"他还说："《诗》可以兴，可以观，可以群，可以怨！"他把《诗》当作教材，传授给弟子们，正是因为这种口耳相传式的传授，才使得《诗经》能避开暴君嬴政的焚书之火和莽汉项羽的复仇之火，斯文不灭。他还庄重地为《诗》维护，说："《诗》三百，一言以蔽之，曰思无邪！"这就使后世很多对《诗经》暗怀不满的人，只能做些鬼鬼祟祟的歪曲的勾当。孔子是文学的守护神。

由于孔子丰富的文学情怀，他把人格修养的最高境界理解为一种自由的艺术境界，而不是严谨的道德境界。这一点是他和后世道德家们最大的区别。他讲"无欲则刚"，可他并不壁立千仞，拒人千里，他是"有容乃大"！这"容"就是他的大德的体现。孔子在道德的熔炉里冶炼自己，而最后出炉的结果却大出我们意料：他熔炼出的不是森森剑戟，而是穆穆和风。你看他"志于道，据于德，依于仁，游于艺"，又说"兴于诗，立于礼，成于乐"。他最后的形象是"成于乐"而"游于艺"！

　　我们知道，《诗》在孔子那时乃是歌词，"三百五篇孔子皆弦歌之"。这是多么宏伟壮丽的大乐章啊。可惜我们今天已经不能再聆听孔子弦歌过的音乐了，"此曲只应天上有，人间哪得几回闻"。只有那古老而简朴的文字留传下来，让我们怀想那天籁之声，揣想孔子对这三百零五首诗逐一弦歌时的情怀。"四方有羡，我独居忧。民莫不逸，我独不敢休"（《诗经·十月之交》），这样的句子，如此贴切他忧患人生的情怀，如此相像他奔波为天下的辛苦，他能不感慨吗？而那一位走过周朝旧都，面对废墟上的野黍而"中心摇摇"悲不自禁的诗人，不更是他的同调吗？面对伟大朝代的文化废墟，他不更是忧患满怀吗？"知我者谓我心忧，不知我者谓我何求。悠悠苍天，此何人哉？"（《诗经·黍离》）当孔子弦歌此曲时，他是什么样的表情呢？他是不是已热泪横流？

他"闻《韶》，三月不知肉味"，可见音乐是多么尖锐地切入了他的心灵。司马迁的《孔子世家》中记载了孔子与音乐的一件轶事，从中又可见他是如何尖锐地切入了音乐：他在师襄子那里学了一首曲子，一连弹了十数天还不换其他曲子，直到他从这首曲子里"听"出了那个肤色黝黑、身材颀长、眼神忧郁的文王的形象！惊佩万分的师襄子告诉他，他所弹的曲子就是《文王操》！"作易者，其有忧患乎！"文王可不就是一个满腹忧患的古之高人吗？孔子的精神通过飞散的音符，而与之相通了！

在孔子的性情中，他对音乐的迷恋是我们进入他内心、了解他人格的一把钥匙。他极爱音乐，即便在围困之中，也是每日"弦歌不衰"，只要附近没死丧，他每日都大声地唱歌。

当然，孔子对音乐的理解，毕竟有他的立场，而不完全等同于我们完全个人审美的判断。"六经"中的《乐记》中的一段话，可以看出孔子与我们的区别：

　　（音乐）清明象天，广大象地。终始象四时，周还象风雨……乐行而伦清，耳目聪明，血气和平，移风易俗，天下皆宁。

　　他从音乐中听出了世风，听出了政治，听出了宇宙精神与人间道德。他毕竟是人类之子，是圣人，而不是凡人。

　　《尚书》之流传具有传奇色彩，我们今天读到的本子乃是东晋豫章内史梅赜所献的《孔传古文尚书》。这个"孔"字乃是孔安国，孔子的十一代孙。而这个孔安国所传的《尚书》，乃是汉鲁共王从孔子故居的墙壁中得到的。光这两点，就可知孔子与《尚书》之关系。如果说《诗经》是中国历史上最早的诗歌总集，那么作为"上古之书"的《尚书》乃是中国历史上最早的散文集；如果说《诗经》是民间的（风、雅都可以算作是民间的），那么《尚书》就是朝廷的。《诗》是民间的情感，《书》是朝廷的意志；《诗》是抒情的，《书》是理智的；《诗》是散漫的，《书》是约束的；《诗》唱个性感受，《书》倡国家价值；《诗》是艺术，《书》是道德。《诗》是大地，是天空，是大地上的野花，是天空中的飞鸟；《书》是庙宇，是碑石，是庙宇中的祖训，是碑石中的箴言。《诗》是音乐，《书》是建筑。谢林说，音乐是流动的建筑，建筑是凝固的音乐。没错，《诗》是意志的流动，《书》

是情感的凝固。……我们民族最古老最本质的东西，都积淀在《诗》《书》之中了。它们都与孔子有关。

而《易》据说是周文王为商纣所拘押，在狱中无聊，为不至于人死名灭，便进行"创作"，推演而成。但文王的《周易》，纯属卜筮之书，"孔子晚而喜《易》，序《彖》《系》《象》《说卦》《文言》，读《易》，韦编三绝"（《史记》）。他的研究成果，经口授学生，学生整理成册，始有"十翼"。翼者，辅翼，辅助理解也。应该说，孔子是把卜筮之书改造成了哲学之书，综合天地人，探究天道人道，从"究天人之际，通古今之变"而"成一家之言"。所以，就《易》在这个意义上影响中国传统文化，我们又是在这个意义上理解《易》，毋宁说，《易》乃是孔子的著作了。"易者，易也，不易也。"这截然不同却又相辅相成的训释，恰好表明了天道人道的反复，变与不变的统一。《诗经》说："鸢飞戾天，鱼跃于渊"（《旱麓》）。《易》言"天行健，君子以自强不息""天地之大德曰生"。这是一个生机盎然、蓬勃如斯的宇宙，这也是一个满腹忧患、自强不息的人生！

《礼记》与我们上文提到的《乐记》，显然都是周代礼乐文化的产物，孔子把它们看成教化的工具。孔子对记录枯燥乏味的周代官制、礼仪的《仪礼》进行研究，指出其内涵、作用与本质。他说："夫礼，先王以承天之道，以治人之情"，仍然是天道与人道。伟大的周公盛世初建，创建周礼，规范一个大帝国的行为与思想，开创了灿烂的周文化；伟大的孔子身当乱世，礼坏乐崩，他所做的，乃是对这一伟大的文化传统的继往开来。帝国的庞大躯体，已然僵仆，他已不能使之复生，他能做的乃是使帝国的精神与文化长存人间。如果说，继往是学术，那么，开来则是理想。在《礼运》中，孔子根据可考历史的发展情况，预见着未来的道路。他认为，人类社会之发展经历着三个阶段：据乱世、升平世和太平世。据乱世就是他所处的时代了，而他为后人设想的"太平世"是什么样子呢?

　　天下为公，选贤与能，讲信修睦。故人不独亲其亲，不独子其子。使老有所终，壮有所用，幼有所长，鳏寡、孤独、废疾者皆有所养，男有分，女有归。

这正是老子所不具有的情怀啊! 孔子毕竟爱人类。

最后就要谈到《春秋》了。这是使一个时代都因此得名的著作。

晚年的孔子顾视日影，喟然叹息："不行啊不行啊，君子很惧怕死后没有留下名声啊。我的道行不通了，我凭什么在后世传名呢？"他搬来鲁国历代太史记录的史料，开始著作历史。

以前在做官审案时，他很谦虚地与其他陪审官商定判词，而此时他却突然"专断"起来，"笔则笔，削则削，子夏之徒不能赞一辞"，连插嘴提建议的机会都不给！这本以"微言大义"著称的历史著作，孔子是有意把它写成政治学著作、伦理学著作的！他在这里要审判的是整个历史！而且他所进行的不只是历史批判，更重要的倒是他的政治批判与道德批判！他希望他的这本书能成为人的道德准则，更希望它能建立一种合理有序的政治运行法则。这就是这本书使"乱臣贼子惧"的原因。孔子在给弟子们讲授《春秋》时感慨地说："后世知丘者以《春秋》，而罪丘者亦以《春秋》。""创造历史的最好方法就是写历史"（丘吉尔），《春秋》以后的历史，不都受着《春秋》的影响吗？就这个意义而言，孔子一直在参与着历史进程。

哲人其萎

孔子曾描述过自己的形象，"学而不厌，诲人不倦，不知老之将至"。在他的身边，一批勤奋好学、生机勃勃的年轻人在成长着。看看这些蓬勃的春花，他真的就想不到自己已是秋天的一枚黄叶？

暮年到来，孔子情怀弥烈，而世风日颓，又使他满目悲凉。更可痛的是，他最喜欢的学生颜渊死了，他的精神受到沉重的打击。"天丧予！天丧予！"（天要灭我，天要灭我啊！）安贫而乐道的颜回死于贫困，死后连棺材也没有。孔子为之深深恸哭。"我不为他哭还为谁哭呢？"他越来越老了，世道也越来越混乱了，不久又有坏消息传来，子路死在卫国了。正中了孔子以前的忧心忡忡的预言："不得其死"。子路是众弟子中唯一敢于冲撞他的学生，小他九岁，总是雄赳赳的样子。孔子知道这个有些粗野的弟子其实最为忠厚义气，他还曾设想，当他远遁人世时，让子路跟随着他；当他年暮衰老时，让子路为他送终，而现在又死在他前面了。他已经

多次承受这白发人送黑发人的惨痛了。他的心境更为凄
凉了。子贡来看他，他正拄着拐杖在门外看西山的落
日，那落日如血的余晖最后一次染红大地与天空。孤独
的孔子问子贡："赐啊，你为什么到现在才来看我呢？"
接着便低吟了一首绝命歌，这首歌那简单的字句和厚重
的内涵使人想到宇宙中最简单而又最本质的哲理，人间
的生死竟也牵动着宇宙的成毁：

太山坏乎！
梁柱摧乎！
哲人萎乎！

接着，他对子贡说："天下无道已经很久了，但没
有人听从我。你知道吗？夏人死了，停棺在东厢台阶，
周人在西阶，殷人则在厅堂两柱之间。昨晚，我梦见自
己坐在两柱之间。我的始祖是殷人，我这就要去了。"
司马迁接着写道：

后七日卒。孔子年七十三。

　　他不仅如愿回归了他的祖先，在他从自己的时代逝去的同时，他也就开始属于千秋万代。他年七十三，但他永垂不朽。

冒犯天下的叛徒

勇是一种危险品

　　孔子认为，要做一个君子，必须有三个优点，即：仁、知、勇。他说："君子道者三，我无能焉。仁者不忧，知者不惑，勇者不惧。"后来的《中庸》便把这三者称之为"三达德"。但平心而论，作为一种品性，"勇"是一种危险品。因为正如我们可以推敲出的，"仁"本身具有价值判断，从而可以知善恶；"知"至少具备事实判断，从而可以知真假。那么，"勇"呢，显然，它缺少一种判断力上的支持。它可以是"义理之勇"、道德之勇，如孟子式的"浩然之气"；但也可以是"血气之勇"，好勇斗狠之类即是此种勇。所以，虽然孔子在笼统地谈论人之德行时，总是不忘把"勇"字考虑在内，但他却很少专门去称赞人的"勇"。恰恰相反，作为一个思虑深深的圣人，他对"勇"有足够的警惕，表现在平时的言论上，便是他常常有意识地贬低"勇"，贬低逞勇之人，他之屡次折挫子路，就是明显的例子。作为人生旅途中随身携带的危险品，孔子常常是禁止我们带着"勇"上路的。他和子路讨论"勇"，说："君子有勇而无义为乱，小人有勇而无义为盗。"说得很对。"勇"确实需要"义"的约束，规定其方向。《国语》讲"言勇必及制"，靠什么制？"以义为制"（《国语·周语下》），可能即是受孔子影响。除了"义"外，"礼"也是制"勇"的重要因素。孔子和子贡讨论君子所厌恶的事情，其中一条就是"勇而无礼"。他说，"好勇疾贫，乱也"。对刚勇之人，他也不欣赏。他毕竟是贵族气息较浓的人，讲究温良恭俭让，不屑于一般意义上的勇。他最欣赏的学生是颜回，颜回的特点就是纤弱。在颜回的人生之旅中，他不大会带危险品上路，所以，对人、对己都比较安全。子路原来是个野人，野性难改，比较强亢，孔子就对他"每下毒手"（李贽语），进行摧折。他自己承认说："由也兼人，故退之。"他还警告子路，如果不改掉这种刚勇的毛病，将会不得好死。有一次，他老先生又在那里大夸颜回如何如何，子路颇不服气，要和孔子较个真，就问孔子："你要是带领三军去打仗，你要谁去帮衬你老人家？"（子行三军，则谁与？）看他的意思，是跟孔子说，你要上前线打仗，总该带上刀、枪、剑、戟，这危险品就不能不要了吧？这实在是子路被老夫子的弱化教育逼急了，而将孔子一军。所以，在孔子的这样长期摧刚为柔的教育下，他搞出来的儒，带有明显的柔弱的味道，"儒"就是"懦"，而"犬儒"这个词就更不好听。

在先秦哲人中，对勇抱有足够的警惕甚至恐惧心态的不仅是孔子，老子反对勇敢（《老子》第七十三章"勇于敢则杀"）；孟子将"好勇斗狠，以危父母"，列为五不孝之一（《孟子·离娄下》）；荀子把勇于斗的人，斥之为"忘身、忘亲、忘君"（《荀子·荣辱》）；他的学生韩非更把勇于私斗的"带剑者"称之为国家的蛀虫（《韩非子·五蠹》）。《国语》把"勇"称之为"逆德"（《国语·周语下》："夫勇，逆德也。"）；《吕氏春秋》称之为"凶德"（《吕氏春秋·论威》："勇，天下之凶德也。"）；《礼记》把逞勇不义之人称之为"乱人"（《礼记·聘义》）……

但是，众声喧哗中，在先秦，偏有一个人，独独对"勇"大加赞赏并加意培育，那就是墨子。墨子在其他士人一致对"勇"持保留态度时，独持偏见。《修身》

篇说："战虽有阵，而勇为本焉。"意思是作战虽然有阵法之妙，但根本还在于战士的勇敢。这正是子路反诘孔子"子行三军，则谁与"时所要表达的：至少在战场上，"勇"是最重要的素质。汉代陆贾在他的《新语·思务篇》中说"墨子之门多勇士"，若用同样的句式来描述孔门儒家，那就该是"孔子之门多君子"。孔门有一个子路，孔子还要"下毒手"摧折他，墨子却满门都是勇士。《淮南子·泰族训》这样写墨子的门徒：

墨子服役者百八十人，皆可使赴火蹈刃，死不旋踵。

这墨子学派，简直是一支敢死队，特种部队！这些粗短服饰的"侠客"们，一个个怒目圆睁，随时挥拳相向，甚至拔刀相向，与宽袍大服、风流儒雅、口颂诗书的孔门"君子"，真是大异其趣了。这些勇士们关键时候是可以弯弓搭箭、舞刀弄棒的。墨子与公输盘在楚王面前较量高低，最后一招，也是最关键的一招，就是他有三百个在宋城上武装到牙齿的弟子等待楚国的来犯，这三百人的战斗力，是可以一以当十，甚至更多的。墨子门下多勇士的名声太大，吓得楚王赶紧打消了进攻宋国的念头（《墨子·公输》）。在楚国吴起之难中，为阳城君守城殉难的墨者达 180 多人，他们本来是可以弃城自全的。《吕氏春秋·上德》载有其事的原委。

　　墨家学派的巨子孟胜，与楚国的阳城君交好。阳城君让他守卫自己的食邑，剖开璜玉作为符信，与他约定说："合符以后才能听从命令。"楚悼王死了，大臣们攻打吴起，在停丧的地方动起了兵器，吴起伏悼王尸而死，射杀吴起的人把箭也射到了悼王尸体上。阳城君参与了这件事。楚肃王即位后，要治罪这些大臣，阳城君逃走了。楚肃王要收回他的食邑。孟胜说："我接受了人家的托付，为他保护食邑，与人家有符信为凭证。现在没有见到符信，而自己的力量又不能禁止楚肃王收回食邑，不为此而死，是不行的。"他的学生徐弱劝阻他说："如果死了对阳城君有好处，那么还是可以的；如果对阳城君没有好处，却使墨家在世上断绝了，这不可以。"孟胜说："不对。我对于阳城君来说，不是老师就是朋友，不是朋友就是臣子。如果不为此而死，从今以后，求严师的人一定不会从墨家中寻了，求贤友的人一定不会从墨家中寻了，求良臣的人一定不会从墨家中寻了。因此，我为此而死，正是为了实行墨家的道义从而使墨家的事业得以继续啊！我将把巨子的职务指定给宋国的田襄子。田襄子是贤德的人，有了他，哪里用得着担心墨家在社会上断绝呢？"徐弱说："像先生您说的这样，那我请求先死以扫清道路。"转过身去，在孟胜之前刎颈而死。孟胜于是就派两个人把巨子的职务传给田襄子。孟胜死了，学生们为他殉死的有 180人。那两个人把孟胜的命令传达给田襄子后，想返回楚国为孟胜殉死，田襄子制止他们说："孟子已把巨子的职务传给我了，你们应当听我的。"但两个人还是返回去为孟胜殉死。

　　这事本身一方面说明了墨子学派宗教性特征与惨烈作风，一方面也从反面证明了孔子等人对"勇"保持戒心的合理性。阳城君并非什么君子之类，他参与的攻灭吴起之事也并非正义，为他这样的人殉死，实属不义。何况导致 180 多人死亡！但这就是墨家的独特家风。

　　司马迁在《游侠列传》中说游侠：

　　　　其行虽不轨于正义，然其言必信，其行必果，已诺必诚，不爱其躯，赴士之厄困，既已

存亡死生矣而不矜其能，羞伐其德，盖亦有足
多焉。

——虽然他们的行为不符合正义，然而他们言必
信，行必果。已许诺的事一定要实现，往往能为别人
的厄困灾难而奔波，不爱惜自己的躯体。等到他们把
将亡的保下来，把将死的救下来，却并不夸耀自己的
功劳才能，更不炫耀自己的恩德，所以有很多值得称
道的地方。

这简直就是《公输》一文中墨子的形象。大概太
史公一边写这几句话，一边就在想着墨子吧。你看，墨
子听说楚国将要攻打宋国，便从齐国出发去阻止，这不
是千里奔赴，为人解难吗？齐国与楚国，在交通极不便
的那时，真是令人望而却步的遥远与坎坷啊。他一走便
是十日十夜，磨秃了头顶，走肿了脚跟，这不是不爱惜
自己的躯体吗？《墨经》中说任侠乃是"士损己而益所
为""为身之所恶，以成人之所急"，他们正是要用自己
的行为实践这种侠义精神。最后墨子终于说服楚王，使
之打消了进攻宋国的念头，弱小的宋国得以保全，这不
是"存亡生死"吗？墨子止楚攻宋后，回归途中经过宋

国，恰遇大雨，他准备到闾门中去避雨，守闾门的人却不让他进去，这不是"不矜其能，羞伐其德"吗？

墨子著作中，除了谈哲学、谈政治、谈修身道德，还谈军事。这与儒家羞于言战，形成一大区别。在《墨子》中，自第五十二篇《备城门》至第七十一篇《杂守》，除去阙篇，现存共十一篇，都是谈兵。有意思的是，他谈兵，不谈攻，只谈防守。他著《非攻》反对攻，当然尽力研究守。司马迁说他"善守御"，显然是把他看成军事家了。这十一篇完全谈防守的技术，若和《孙子兵法》参看，是很有意思的。孙子能从哲学与政治角度讲战争，墨子却纯从技术角度谈战争。孙子颇重视战略，墨子却只留意于战术。墨子因为一味地反对攻，所以他不理解最好的防御就是进攻。他彻底否定"攻"（注意，墨子讲"非攻"而不是讲"非战"，看来，他反对一切主动的战争），否定战争的一切正面价值，以至于也否定了主动进攻的价值与意义。这是因为他的思想不允许他有这样的念头出现。他自居于弱者一方，不想进取，只图保全，这就使他的防守思想很保守。所以，他的防守之所以成功，或说在当时之所以有效，只是他的工具先进，设计科学，禽滑厘等三百弟子在宋城上守御，使得楚国千军万马望而却步，除了他们那"死不旋踵"的可怕的勇，还凭借他的"守圉（御）之具"的先进，超过了公输般的"攻城之械"。从他这十一篇兵书看，他是一位专业木匠、科学家，看来他讲勇，其实更讲科学、讲技术。他挖隧道，其长度、宽度，他造器械，其尺寸、方圆，都一一标明，宛如现代兵工厂的兵器设计图。孔子是不谈战阵之事的，卫灵公向他讨教这方面的知识，他说他只学过"俎豆之事"（礼让揖节），而"战阵之事"不曾学过，孔子反战，乃不言战。墨子反战，却是以战反战、以守反攻。这又是儒侠之间的大区别之一。

　　关于墨子，可以有这样的一些身份：他是墨家学派的创始人，中国古代伟大的平民思想家、逻辑学家、军事家、科学家、宗教领袖……但我想从另外的角度，换一种说法来介绍他：他是一位剑侠，是一位伟大的反叛的剑侠。

墨子的身世之谜

　　这剑侠来路不明，就更增加了他的神秘感。司马迁在《史记》中大做《游侠列传》，但对作为游侠之祖的墨子，却几无记载，只在《孟子荀卿列传》的最后附了了数言，很是敷衍：

　　　　盖墨翟，宋之大夫，善守御，为节用。或曰并孔子时，或曰在其后。

　　写孔子之后，孟子之前最伟大之人物墨子，如此草草，连起码的考证都不去做，这可能是大史学家司马迁的一大疏忽，但也可能是墨子本身经历扑朔迷离，使司马迁也难以抉择与定夺。现在，关于墨子的生卒年，我们只能说他与楚惠王大约同时，再扩大一点说，可以说是生当公元前468年至前376年之间（孙诒让的考证）。甚至他的姓名，都有不同的说法，有说他叫墨翟，又有人说他叫翟乌。钱穆以为墨子崇尚苦行，形同受刑之人，而墨刑乃古代刑名之一，故被称为"墨"。我想如果可以这样推理，还有两点也可当作"墨"之来源：一是墨子是木匠，惯用绳墨，故姓墨；二是墨子常年摩顶放踵，为救人厄困而奔波于骄阳之下，弄得"面目黧黑"，并由脸黑而姓墨。关于他的籍贯，更是莫衷一是，甚至荒诞不经。司马迁说他是宋人（晋葛洪也持此说），毕沅、武亿说是楚人，高诱说是鲁人，还有人甚至说他是印度人、阿拉伯人。他的出身，有人说他是孤竹君之后，与孔子同祖，有人说他是平民，钱穆还说他是刑徒奴隶。

　　而墨子的学术渊源又如何呢？据说他竟是孔子的后学——《淮南子·要略》云：

　　　　墨子学儒者之业，受孔子之术，以为其礼烦扰而不说（悦），厚葬靡财而贫民，（久）服伤生而害事，故背周道而用夏政。

　　也就是说，墨子最初乃是儒家的门徒，学孔子的思想，但他逐渐认识到儒者的礼烦琐而不切用，儒者提倡的厚葬靡费财富而使人民陷入贫穷，长期服丧伤害生命而妨碍正事，所以他毅然决然地背弃儒家，当了儒门的叛徒。并且这一叛，非同小可，这不仅仅是叛出师门，而且是政治上的背叛。因为儒家是热烈礼赞周王朝，是周王朝文化的继承者和理论上的总结者，墨子既叛儒，当然也就背叛了周王朝，成了周王朝的叛臣逆子。

从此，叛徒墨子自立门派，自树旗帜，并且振臂一呼，应者云集。他的学派及思想，到了战国中期，孟子之时已是弥满天下，甚至有压倒儒学之势，以致惹出孟子那么大的"道德愤怒"，骂墨子为无父，是禽兽，必欲扑灭之而后快。到了战国后期，韩非子时，墨家仍然是足以与儒家分庭抗礼，瓜分天下。韩非子说："世之显学，儒墨也！"

向帝国挑战

如果我们说墨子在军事上只是一味地守，以至于"墨守"成为一个不思进取、故步自封的贬义词，那么，在思想战线上他的表现正相反：他是攻坚拔固的英雄，他是赤条条跳出来、挺身而斗的勇士。他向之掷出白手套的对手实在太强大。因为这一对手是自孔子以来相传相袭、门生遍天下的儒家。而站在儒家背后，成为其知识背景、学术根基，甚至世俗权力与文化支撑的是已绵延数百年且取得巨大政治成功，从而具有无可比拟的历史资本的周王朝礼乐文化。但墨子对之投去轻蔑的哂笑。他的自信来自自己学术的坚实，来自自己道德上的自信，也来自自己方法上的先进——他是诸子中唯一对逻辑学下过扎实的工夫，并把它运用到自己学术活动与学术争鸣中去的逻辑学大师。执逻辑利器的他有理由相信自己无坚不摧，无敌不克。

他还发明了著名的"三表法"，把他的思想与见解建立在它的基础上：

言必有三表。何谓三表？子墨子言曰：有本之者，有原之者，有用之者。于何本之？上本之于古者圣王之事；于何原之？下原察百姓耳目之实；于何用之？废以为刑政，观其中国家百姓人民之利。此所谓言有三表也。

（《非命上》）

——言论必须有所谓"三表"才能证立。什么是"三表"呢？墨子说必须有所本来，必须有所依据，必须有所实践。向何处找本来？向上，古代圣王的事迹做法。向何处找依据？向下，以百姓耳闻目睹的事实为依据。向何处去实践？把言论、主张落实为刑法政令，考察它符合国家人民利益的情况。这就是所谓的言论必须有"三表"。

概括地说，他的"三表法"实际上是思想应该遵从的基本准则，是"思想的标准"。这标准是：其一，言论必须以古代圣王的言行为立论之本，这实际上是给言论找一个道德的依据和强大的依托；其二，任何言论思想，包括其所涉及的"事实"，必须诉诸人类的感官经验——它不能违背常识；其三，要以是否实用有效作为其价值判断的准则。

综合上述，我们可以知道，墨子为什么那么自信。因为他还没发现除他之外，谁还那么认真执行思想的准则，像他这样中规中矩、有条有理、按科学的方法冷静客观地思考与研究。他是经得起任何苛刻检验的。而其他人，则未必。

《淮南子》说墨子"背周道而用夏政"。是的，他背叛儒家之处，就是背叛周朝之时。而所谓"用夏政"，只不过是以其人之道还治其人之身，用一个更古的圣人大禹，来与好古的儒家较量罢了，这也是他"三表"中第一表——"本之于古者圣王之事"的具体体现。墨子也不是一个特别好斗的人，并不刻意在所有问题上都另起炉灶、别出心裁，以同别人唱对台戏为乐并博得喝彩。他是老实人，还不是学术黑客。所以在一些基本的伦理问题上，他与儒家还是一致的；实际上我们应该看到的是，在一些基本道德信念上，先秦诸子都是一致的。在这些"理自不可异"的地方，他们保持着基本的学术道德与价值判断。比如墨子，他的《亲士》《修身》《所染》诸篇，其思想、观点，与儒家如出一辙，他不需要有意甚至刻意地标新立异。这是他对学术、思想老实态度的体现。但在"势自不可同"的地方，他却当仁不让，从中孕育出了墨子自己的真创见。有些题目，一看就知道和儒家对着干，《非儒》不说了，《兼爱》《尚贤》直刺儒家的"亲亲"与贵族政治，《非乐》《节用》《节葬》直刺儒家的礼乐文化与厚葬靡费的传统，《天志》《明鬼》反对儒家的道德政治与敬鬼神而远之的观念,《非命》反对孔子的"死生有命,富贵在天"……可以说,墨子由孔儒的思路,来个反向思考,从而别立一派,成一家之言,卓然而为一大宗。这种特立独行的精神,也正是独持偏见,一意孤行的大侠客做派。

毋庸置疑,在墨子时代,反儒即是反周。儒家文化实际上乃由周公礼乐制度而来。到了春秋之末,礼坏而乐崩,周王朝政治大厦眼看不支,周王朝的文化之树也秋叶飘零。孔子乃强为之作柱,力求维持。而墨子作为一个"贱人"(穆贺说他是"贱人",他也默认了),知道那贵族封建制度对平民而言,毫无益处。所以,他眼里看着周王朝的大厦将倾,心中却暗暗欢喜,并频频出力,推而排之。他有意地忽略周王的存在,不但不把他看作天下共主,而且把他摒弃于天下政治之外。在他的著作中,从来没有提到过周王,这天下政治游戏中,已没有周王的角色。这种冷处理尤其恶毒,清冷而落寞地苟存在洛阳的东周,最怕的就是被人遗忘。墨子抬出一个有意志的"天",来代替周"天子",表明天下只有"天",尚无"天子"。诸侯也只需对"天"负责,而没有什么"天子"值得去在意。孔子说:"天下有道,礼乐征伐自天子出，天下无道，礼乐征伐自诸侯出。"这"天子"，就是天的意志的代表，也就是周王，对天负责，就是对天子负责。他要天下有道，当然就要恢复周王——天子的权威。墨子也反对战争，但他并不像孔子那样，从政治角度来考虑战争，而是从道德角度来考虑战争。战争的不义，在孔子看来，乃是由于不是出自天子而是出自诸侯，是政治的失序。而在墨子看来，攻打别国，正如同偷窃与强盗，其行为本身即当否定。正如不论什么身份的人都不能偷窃一样，不论什么身份的人也无权发动战争。也就是说，孔子把战争看成一个政治事件，关乎政治秩序；墨子把战争看成一个道德事件，关乎伦理原则。当作政治事件，孔子关注的是它的合法性，比如齐桓公等霸主们的征伐，往往假借一下天子的名义，就使得他们的行为"合法化"了。这种在中国历史上常常发生的"挟天子以令诸侯"的现实勾当，就是在孔子的理论漏洞里发生的。而诸侯发动战争，就是非法的。当作道德事件，墨子关注的是它的合理性。合理性，则容不得敷衍。墨子把攻打别国与偷窃、杀人在性质上等同起来，无论什么人，哪怕是周天子，也不具有偷窃杀人的道德支持。故而他考虑的是战争的道德根基，而与周天子之类的政治秩序无关。就他的反战理论，我们完全可以推导出，即便是周天子的征伐，也是不义的，形同盗窃的。这就逻辑地剥夺了周天子从立朝以来便拥有的政治权力了。

墨子眼里无周王

墨子与鲁阳文君之间的一次讨论很有意思。鲁阳文君是楚惠王时的封君，封在鲁阳（今河南鲁山县），与郑国接邻。他想攻打郑国以扩大自己的封地，墨子便去阻止他。他先打比方说："假定在您的封地之内，大都攻打小都，大家攻打小家，肆意杀人，大肆抢掠财物，您认为可以吗？"

鲁阳文君回答说："在我的封地之内，就是我的属下。如果大都攻小都，大家攻小家，我一定不轻饶。"

于是，墨子这样回答鲁阳文君："同样的道理，天拥有天下，也就如同你拥有你的封地。你既然要严惩你封地内发生互相攻伐的行为，那么，天也不会允许在它的天下内发生互相攻伐的行为的。现在你要发兵攻打郑国，天的惩罚难道不会降临吗？"（"夫天之兼有天下也，亦犹君之有四境之内也。今举兵将以攻郑，天诛其不至乎？"《鲁问》）

这就是墨子常用的"引人入彀"的手法：他让对方给出一个回答，然后根据对方的逻辑来反驳对方。

这里我们稍微动点脑筋分析一下。在鲁阳的四境之内互相攻伐，鲁阳文君不会坐视不管，因为他是一境之主。那么，诸侯国之间互相攻伐，谁作为天下之主来管一管呢？若要孔子来说，则定是周天子，孔子反对战争，其理论根据即是如此。但是墨子这里没有了周天子，而直接上达到"天"。显然，在诸侯与"天"之间，少了一个天的意志的人间代表者——天子。这是墨子眼里无周王的铁证。

孔子讲"礼乐征伐自天子出"，墨子讲"礼乐征伐自天出"，一字之减，他删除的是一个政治实体——周王；一个政治制度——周之封建天下。这当然是周王朝及周王从实际社会政治中逐渐淡出的结果。但也可见墨子视周王如无物、摧枯拉朽、绝不留情的作风与政治立场。

没有了"天子"，当然也就没有了与之相应的"天下"，所以墨子也是第一个使用"国家"这个词的人。他把诸侯的"国"与大夫的"家"合起来，用来指代原先天子的"天下"所包含的一切内涵。而且他的一切主张都是为了这种"国家"的：

> 子墨子曰："凡入国，必择务而从事焉。国家昏乱，则语之尚贤尚同；国家贫，则语之节用节葬；国家熹音湛湎，则语之非乐非命；国家淫僻无礼，则语之尊天事鬼；国家务夺侵凌，则语之兼爱非攻。"（《鲁问》）

——墨子说："到了一个国家，选择最重要的事情去做。假如一个国家混乱，就告诉他们尚贤尚同的道理；假如一个国家贫穷，就告诉他们节用节葬的做法；假如一个国家喜好声乐、沉迷于酒，就告诉他们非乐非命的好处；假如一个国家荒淫、怪僻、不讲究礼节，就告诉他们要尊天事鬼；假如一个国家以欺侮、掠夺、侵略、凌辱别国为事，就告诉他们要兼爱、非攻。"

你看，他已不再是周天子的理论家，而自甘做诸侯大夫的理论家了。他也不张口闭口就是"天下"，他只谈"国"与"家"。这当然不是他满足于这种分裂状况，而恰恰相反，他的"天下"，要从这些"国家"中熔铸而成；他的"天子"，更将从众多贤良中破土而出。

呼唤新世界

如果说，对现存周天子的有意忽略与漠视是墨子的"破"，那么对新的政治秩序的呼唤则是他的"立"。在对未来的展望中，墨子的思想放射出令人惊异的色彩，他提出了一个在后来中国两千多年历史中都没有人敢于响应的政治构想，我们甚至可以把它称之为民主联合政府：

> 选择天下贤良、圣知、辩慧之人，立为天子。……选择天下赞阅贤良、圣知、辩慧之人，

置以为三公。……靡分天下，设以为万诸侯国

君……择其国之贤者，置以为左右将军大夫，

以至乎乡里之长……（《尚同中》）

——选择天下贤良、聪明而又善辩的人，推举他

为天子……选择辅佐天下贤良、聪明而又善辩的人，推

举他为三公……划分天下区域，设立数以万计的诸侯国

君……又选一些贤人，立为国君左右的将军、大夫及里

长……

在这里，天子是在"尚贤"的标准下选举而出的，

天子而下则有三公，构成最高权力机关，然后是诸侯国

君，直至各级行政长官，相当于基层组织。现行的政治

体制彻底被抛弃了，贵族特权被否定了。是的，封建制

被否定了！除了选举这一点外，如果把诸侯国君改成

郡、县，不极像后来的郡县制么！而其通过选举，推举

贤良、圣知、辩慧之人为天子、三公、诸侯国君、民之

正长，则极易使我们想起近代资产阶级思想。

但是，生活在遥远古代的墨子毕竟不能等同于近

代的卢梭。在民主政治这一点上，他几乎没有可资利用

的思想资源。他可以有天才的思想闪光，但缺少更多的

政治理论资源，他的构想只能是零散的而不可能是系统的、完整的。

这里面有两个问题我们必须指出。第一，是墨子没有明确哪些人有选举权，或者说，在选举天子等各级"民之正长"时，"民"是否为选举人？大概他自己也对此不大了然，所以，他把这个主语省略了。这不是个语法问题（在古代汉语里，这语法恰恰没有问题），而是一个政治问题。他没有交代清楚，可能也不是语言上的忽略，而是思想上的缺失。第二，墨子要选出天子等"民之正长"，其目的是为了"一同天下之义"，让天下人意见一致，改"一人一义，十人十义，百人百义"为"万众一心"，所以当他选出了各级"民之正长"之后，并不是为了"为人民服务"，而是为了"尚同义其上"——与上面意见一致：

> 天子、诸侯国君，民之正长，既已定矣，天子为发政施教，曰："……上之所是，亦必是之；上之所非，亦必非之！……上之所是不能是，上之所非不能非……下比而非其上者，上得则诛罚之！万民闻则非毁之！（《尚同中》）

　　这一段话如果译成白话，就会大大削弱墨子那种斩钉截铁、不容置疑的口气，所以我们就引原文了。读这样的话，直让人倒吸冷气。太可怕了！难道我们选出一个天子来，就让他实行专制吗？就是让他代替我们的全体民众思想，而我们全体民众只能是俯首听从吗？如果是这样，我们还能有下一次选举的权力吗？而且，墨子的这种专制，不仅是君主专制（上得则诛罚之），而且还是集体的暴虐（万民闻则非毁之）。

　　仔细回头再看他的题目，恍然大悟："尚同"也者，"上同"也，同于上也，和上面保持一致也！

　　当然，墨子也看到了这一点，所以他在天子之上又预设了"天"，且是有意志的。《天志》《明鬼》两篇，我以为是墨子整个理论的最后补充，很像是墨子式的"宪法修正案"。主要目的就在于限制政府的权力，防止权力的滥用。为此，他力证"天"比"天子"更聪明、更仁慈、更有威力。天子若暴虐下民，天就要给他惩罚。他就这样解释夏桀、商纣、周厉王的亡国殒身的下场。有些论者认为，墨子在春秋后期还坚持天是一个有意志的实体，还相信鬼神的存在，是一种倒退。我并不这么看。这种"倒退"在汉代董仲舒那里也出现过。我想，这是有原因的。在贵族政治中，贵族可以形成对皇权（天子）的一定约束，而在一个没有贵族的政治体制中，用什么来约束皇权？这当然是反对贵族政治的墨子必须考虑的，也是诸侯国灭亡以后董仲舒必须解决的。他们迫不得已，便只好借助于天与鬼神。在先秦，几乎没有纯哲学的研究，所以，我们不能以纯哲学研究的方式来判断、梳理他们的哲学成果。先秦诸子，总是先政治后哲学的。他们往往是价值优先而事实附属的。我想，墨子谈鬼，乃是使人有所惧而有所不为；谈非命，则又是使人有所望而有所为；谈天志，则是使人（尤其是天子）对自己的欲望与行为有所检束。鬼神的迷信，是道德的一种补偿手段，迷信就是道德的一种实现（约束）形式。天的信仰是法律的一种补偿手段，天志也是法律的一种实现（惩罚）形式。墨子显然在考虑，如何对权力有所约束，而不是在纯哲学地思考天之为天的问题，他是在思考天与人的关系，是在"天人关系"中谈天。相较于儒家只寄希望于权力拥有者自身的道德约束，墨子开始寻找一种权力之外的约束，这显然是一大进步。至少他的思路是正确的，只要走在正确的道路上，总有一天会达到目的的。

否定周文化

墨子否定周王朝，更主要的表现在他对周文化的否定上。他的"兼爱"是反对"礼"所规定的等级尊卑制度，"尚贤"是反对"亲亲有等"的贵族封建世袭制度。这两点实际上是周王朝政治运作与社会整合的主要环节。他的"节用""节葬""非乐"又是反对周王朝的文饰，这正是孔子所倾心向往的"郁郁乎文哉"的王朝风范。墨子认定："俯仰周旋，威仪之礼，圣王弗为。"显然，制礼作乐的周公在墨子这里绝不是圣王了，以礼乐文化为特色的周王朝当然也就不是什么圣朝了。

我们对他的一些主要观点略做探讨。

兼爱。"兼爱"之根本不在"爱"，而在"兼"。提倡"爱"，是儒墨共同的，不同在于儒家讲"别"（有差等的爱），墨家讲"兼"（无差等的爱）。无差等的爱，落实到政治上当然就是"尚贤"。所以，在墨子论"兼爱"的上、中、下三篇里，只第三篇有意义，因为在第三篇（《兼爱下》）中，墨子力证"兼"胜于"别"，然后还论证了"兼爱"可以实现。我认为，论证"兼爱"胜过有差等的爱，比较容易，因为这只是在做一件很抽象的价值判断与选择。但论证"兼爱"可以实现就很难。这个论证有点像孟子证明人性善，吃力而不讨好。墨子的主要论据是：第一，《尚书》中记载，古代曾经有过一个"兼爱"的时代，甚至讲"亲亲有等"的儒家所推崇的商汤、文、武、周公也都是"兼爱"的模范人物（这个论据现代的读者会不以为然）。第二，还有比这更难的事，只要君王提倡，都做到了。他举了三个例证：楚灵王好细腰，于是大臣自觉挨饿；越王勾践好勇，于是士兵们不惜生命；晋文公好敝衣，于是晋国人纷纷穿上破衣烂衫。他说，挨饿、轻生、敝衣，这三种天下难事，只要君王提倡，也能形成风气，何况只能带来益处而不会带来坏处的"兼爱"呢？但这种论证仍然漏洞很多。我宁愿相信墨子论"兼爱"与孟子论"性善"一样，都是出于一种良好的愿望，而不是科学的结论。而墨子的良好愿望中还带有推翻周文化的革命目标。他认为天下之所以混乱，乃是人们不相爱，而不相爱的原因则正在于周文化的"亲亲有等"。"亲亲有等"导致自私，自私乃天下大害。墨子是第一个看穿统治者自私本质（也就是阶级本质）的明眼人。什么天下、百姓，全是骗人的鬼话。在这里，他比孔子清醒得多、锐利得多。孔子迷信"公天下"，而墨子则明白地看出了"家天下"的本质。

尚贤。在"尚贤"的主张中，我们可以看出"贱人"出身的墨子所代表的平民阶层的政治要求。我觉得，他的"尚贤"论证比"兼爱"论证费力少而收功多，简明扼要而铁证如山。面对周王朝"亲亲有等"传统的文化破烂，他非常恼火：

今王公大人，其所富，其所贵，皆王公大人骨肉之亲、无故富贵、面目美好者也。今王公大人骨肉之亲、无故富贵、面目美好者，焉故必知哉？若不知，使治其国家，则其国家之乱，可得而知也。（《尚贤下》）

——现在的王公大人，他们使之富、使之贵的，都是王公大人的骨肉之亲，无缘无故暴富暴贵的以及面貌美丽的人。这样的人一定都聪明吗？如果不聪明，让他们去治理国家，国家的混乱不是可想而知吗？

他还用了他最拿手的逻辑法和工匠经验：

今王公大人有一衣裳不能制也，必藉良工；有一牛羊不能杀也，必藉良宰。……逮至其国家之乱，社稷之危，则不知使能以治之。（《尚贤中》）

——现在的王公大人，有件衣裳不能制作，必定要借助好的工匠；有一只牛羊不能宰杀，必定要借助好的屠夫。……而一到国家混乱，社稷倾危，就不知道尚贤使能来治理它了。

墨子在论"非攻"时，也用了这个方法。用墨子的话说，这叫"不知类"。这种证明方法是颇具说服力的。

应该说，这种封建世袭之弊，确实是当时天下混乱、王朝崩溃、人民苦难的主要根源。吏治腐败，必然导致政府行为腐败，从而整个社会结构一触即溃。可以说，在中国思想史上，虽然孔子也小心翼翼地提过"任贤"以作为"亲亲有等"之弊的补偿，但对"亲亲有等"政治结构之危害作如此透彻的分析，对之进行如此彻底的清算，指出其非理性，使之臭名昭著，墨子实为第一人。同时，还应当指出，"尚贤"取代"亲亲有等"，乃是郡县制取代封建制的重要一环，甚至是关键一环。如此说来，在李斯议立郡县制前 200 多年，墨子已经为之做好了理论准备。

非乐、节用、节葬。墨子倡导这些，与我们黄河流域贫瘠的自然条件与农业经济有关。农业经济的特点之一是积累慢而有限，经不起消耗，不比商品经济工业经济之生生不息。汉初几代的积累，只武帝一人就耗费干净；盛唐的富庶也只一场安史之乱便使之室屋荡尽。孟子大倡王道，但即便是他的王道实现之后，也只是 70 岁以上的人才能吃肉，50 岁以上的人才能穿上好衣服，可见其穷极无聊之状。在这样的生存环境中，开源既难，不节用怎么行？一节用，其极端一点的便是如墨子，"区区不近情"（元遗山批评墨子语），尽量削减衣食以外的消费：从活人身上省去娱乐费，从死人身上省去丧葬费。他甚至要人自身的生殖繁衍能力都充分利用而不浪费：男子二十必须娶妻，女子十五必须嫁人。为什么？赶紧生孩子以增加人口呀！所以，墨子倡"节用"，还要"非乐""节葬"，实出自他忧心忡忡、先天下之忧而忧的救世情怀。庄子说墨子的这些主张不近人情，非常人所能忍受，但南方的庄子哪里知道北方生存环境的艰难呢！我想，这里大家彼此有个误会。周王朝的"乐""奢葬"等等，可能仅要求贵族，只有贵族才能享乐、听乐和观舞，只有贵族才能厚葬，服久丧。而一般平民既无资格，也无财力。贵族守丧三年有人供饭，平民守丧三年他喝西北风？况且平民服丧去了，谁来纳赋供税？没人纳赋供税了，国家如何维持？贵族的礼乐生活如何维持？所以，我以为孔子是想把贵族的做法推广到民间（这确实太冬烘了），而墨子出身平民，果然挺身反抗。实际上，与"礼不下庶人"一样，"乐"岂能下庶人？庶人而欲"乐"，简直是僭越。儒墨两家争个不休，其实只是一场误会。当然，从墨子的措辞之中，我们仍可看出他对周王朝礼乐文化的深恶痛绝。

墨子文章中，以"非"这种否定式为题的就有四个：《非儒》《非命》《非乐》《非攻》。除《非攻》是对一种社会现象进行否定外，其他三种都是对现存文化传统的否定。除此之外，我们前面还指出过，《尚贤》《兼爱》反"亲亲有等"，《节用》《节葬》反礼乐……我们可以说，墨子是在对前代文化进行清理。他在对一个大帝国以及根深蒂固的文化传统大声说"不"！他冒天下之大不韪，撄虎须，犯众怒，独持偏见，一意孤行。他的思想观点，既是批判的武器，也是武器的批判，是对前代文化的批判。通过对周王朝的文化批判，以及对周王朝的文化进行批判，他建立了他的批判的文化——在这个意义上，他不愧是一个向帝国挑战的大剑侠。

儒门护法

道统中的地位

写孟子，我的心情是很矛盾的。因为我对孟子，有大尊敬，亦有大不以为然。要问何以敬，又何以不以为然，容我先绕个弯子说话。马克思说世间最可厌者为宗教，这一点恕我难以遵从导师教导，因为我是汉人，汉人受宗教的危害不多，而受专制之苦尤甚。把马克思主义基本原理同中国的现实相结合，我最厌恶者为专制君主。毛泽东说，凡是敌人反对的我们就要拥护，凡是敌人拥护的我们就要反对。这一点我愿意在此遵从不二：凡是专制君主拥护的，我就要反对；凡是专制君主反对的，我偏要拥护。在此原则下，中国的专制君主喜欢孟子的政治哲学，我就反对；专制君主讨厌孟子的人格，我偏要拥护。和专制君主对着干，对我而言，主要还不是出于道义，而是我觉得快意。孟子的政治哲学和他的大丈夫人格，我这篇文章都要谈到，容我慢慢道来。

孟子是"亚圣"。从学问渊源上讲，他是孔子的嫡传。他受业于孔子的孙子子思的门人，而子思又是受业于对孔子思想"独得其宗"的曾子，这就显示出孟子的正统地位了。但孟子的"亚圣"地位，不靠嫡统，不靠韩愈式的自封，而是靠他对儒门的大贡献。他于儒门有别人难以企及的大功勋。可以这样说，在孔门的历代弟子中，数孟子最为有斗志、有干劲、有热血，而又最无私心、无渣滓心、无势利心。一句话，最无"小心"。

孟子在儒学发展史中，力拒杨、墨，振兴孔子之道，直是儒门护法。他的文章又特别热情洋溢，可以说是激情四射。恨之欲其死，爱之欲其生，这被孔子批评的人生一惑，在孟子那里恰恰得到了淋漓尽致的表现。奇怪的是，正是这种偏执激烈，反倒显示出他的热情、天真与无心机，他文章的魅力大半来自于此。而这么一个光芒四射的偶像式的人物出现在战国时期的大舞台上，极大地提高了儒学的社会美誉度。如果我们把儒家道德的传承看作是长跑接力，则他这一棒不但接得好，而且跑得快，从而使儒学跻身第一集团，且脱颖而出。

综观他理论上的建树，则他对儒门的大贡献至少有以下三点。

孔曰"成仁"　孟曰"取义"

孟子把孔子的"仁"发展到了"义"。孔子谈"仁"也谈"义"，孟子谈"义"也谈"仁"，但还是有侧重点的不同。孔子重"仁"，孟子重"义"，所以孔子讲"杀身成仁"，孟子讲"舍生取义"。"仁""义"区别在哪里？照孟子自己的说法，两者本质并无不同，只是表现的地方不同。他说："仁者，人心也，义者，人路也。"（仁，是人的内心修养；义，是人所遵循的正道。）他又说："仁，人之安宅也，义，人之正路也。"（仁，是人安身立命之所；义，是人行事的正确法则。）但"仁"更多地指人的内在修养，而"义"更多地指人的外在行为，则是无疑的。当然，孟子坚决认为，这外在行为的动力，仍来自于人之内心。从"成仁""取义"二词亦可看出这种区别，成者，内成也；取者，外取也。自我修成谓之成仁，择（取）义而动谓之义。孔子及其弟子子张说的"见得思义"也含此义。所以孟子把孔子的"仁"发展为"义"，乃表明他更注重对人外在行为的评价，表明他更希望人把仁心表现出来，施及于人，使"不忍人之心"落实为"不忍人之政"（《公孙丑上》），使人民能得到更多的实惠。这是从政治上考虑的。从道德上讲，他这样做也表明他更注重实际。一个人内心的真实思想我们是无从知道的，也无须知道，无须控制，也无从控制，只要他外在行为合乎道德规范即可。"义者，宜也"（义，就是行为适当）。所以，孟子的"义"比孔子的"仁"更具体可行，操作性强。

同时，"义"的评价比"仁"的评价也可行得多。评价一个人的行为是否"义"（适宜），总比了解一个人的内心是否仁德要容易得多，也可信得多。

义，对道德实践者而言，也便于操作。要真正地在内心意志上达到圣人的境界谈何容易？但约束自己的行为，或者说，在内心的欲求与"义"发生矛盾时，能克制自己而屈从"义"，则较易做到。孟子可能是意识到，要求人人都有一颗圣贤之心，实在是一种妄想，现实一点的是，要人人都能对自己有所约束。后来荀子讲"积善成德"，其意思也是积累平时的善行（义），而成就内心的道德，从而可以"圣心备焉"。其修养之路也是从行为的约束与合义，而渐渐变为自觉行为，从而成为内心道德欲求——"仁"。应该说，孟子走的这一步，是使得不可企及的孔子人格理想走向大众。大众不可能人人在事实上成圣，但大众可以通过自我约束，而过一种体面的生活。孔子的"圣贤"理想只能是一小撮精神贵族的追求，而孟子的"义"则有可能成为普遍的伦理道德规范。在孟子对儒学的三点发展中，这一点最值得我们肯定。

由仁心到仁政

如果说，孟子把孔子的"仁"从道德角度发展为"义"，那么从政治角度，他又将之发展为"仁政"，也就是他的"王道"。在这一点上，孟子可是为儒家学派立了大功。孔子也讲过"仁政"，但对其内涵并没有作详细的说明，显得空洞而浮泛，无论在理论层面，还是在操作层面，都没有进行有说服力的论证。是孟子接过手，把这工作做完了，而且我们还得承认，他做得蛮出色。他把孔子的伦理思想演义为一整套的政治构想，完成了由学术向政治的过渡，使得学统、道统与政统融合无间，合二为一，从而"学"与"仕"也不再有任何学理上的隔膜，"学而优则仕"变成了"直通车"，"士"变成"士大夫"成了顺理成章之事。从这个意义上说，谁能说孟子的"融合三统"不是为后来的科举取士奠定了基础呢？同时，这一套政治构想上有"六经"之依据，下有统治者之扶持，从而儒术才能在后来"独尊"。鲁迅说："孔夫子是中国的权势者捧起来的。"权势者为什么单单相中了孔夫子，而捧他、尊他呢？就是因为孟子的这套政治理论。

　　简单地说，孟子的政治构想是这样的：人本性是善的，因此就有仁心的苗子，把这仁心加以扶植，不让其放失，且使之枝繁叶茂，便是修身了。然后用自身这光辉的形象作样板，"刑于寡妻，至于兄弟"（给妻子做道德示范，推广到兄弟）便是齐家，"以御于家邦"（以此治理家国）便是治国，用仁政治国就是行王道，行王道当然是"天下莫之能御"（天下没有人能够抵挡），天下太平了。在这里，复述一下《梁惠王上》中孟子与齐宣王的这一段对话是很有必要的：

齐宣王向孟子说："齐桓公、晋文公的事，我能听听吗？"

孟子回答说："孔仲尼的门徒，没有人会屑于说什么齐桓公、晋文公的事（仲尼之徒，无道桓文之事者）。所以，后世便没有对他们事迹的记载。我也没听说过。如果一定要谈谈历史，那我们今天谈谈'王道'可以吗？"

齐宣王说："要具备什么样的德行才可以称王于天下呢？"

孟子说："使人民得到安定因而称王于天下，这是没有谁能阻挡得了的。"

齐宣王说："像我这样的人，能使人民得到安定吗？"

孟子说："可以。"

齐宣王说："从哪儿知道我可以？"

孟子说："我听胡龁说过，有一次，王坐

在堂上，有个人牵着牛从堂下走过，王看见了，问：'把牛牵到哪儿去？'回答说：'要用它祭钟。'王说：'放了它吧！我不忍心看它那恐惧发抖的样子，这样毫无罪过却被置于死地。'那人问：'那么就废除祭钟这个仪式吗？'王说：'怎么能废除？用羊换它嘛！'——不知道有这回事吗？"

齐宣王说："有这么回事。"

孟子说："凭着这种心就足以称王于天下了。老百姓都以为王是吝啬的，我则坚信王是不忍心。（百姓皆以王之为爱也，臣固知王之不忍也。）"

齐宣王说："对，确实有这样的百姓。齐国地方虽狭小，但我怎么会吝啬一头牛呢？就是因为不忍心看它那恐惧发抖的样子，这样毫无罪过却被置于死地，所以用羊去替换它。"

孟子说："王也不要因为老百姓认为您吝啬就感到奇怪啊。用小的换大的，他们怎么知道王（真正的用意）呢？王如果可怜它毫无罪过却被置于死地，那么牛和羊又有什么区别呢？"

齐宣王苦笑着说："我这到底是一种什么心

理呢？我不是因为吝啬钱财而用羊去换牛。但老百姓说我是吝啬也不奇怪（可这是怎么一回事呢）。"

孟子说："没关系，这正是一种行仁的方法，（因为您）亲眼看到牛（发抖）而没有看见羊嘛。君子对于禽兽，看见它们生，就不忍看见它们死；听见它们哀叫的声音，就不忍心吃它们的肉。因此，君子要远远地离开厨房。"

齐宣王高兴地说："《诗经》上说：'别人有啥心，我能揣摩到。'说的就是老先生您啊。我这么做了，反过来问问自己，却说不出是出于什么心理。老先生这么一提醒，我心里就有点开窍了（夫子之言，于我心有戚戚焉）。但我的这种心理之所以合乎王道，究竟是什么原因呢？（此心之所以合于王者何也？）"

孟子说："假如有人这样告诉王'我的力气足以举起百钧的重量，然而拿不起一根羽毛；我的视力足以看见秋天鸟兽毫毛的末端，然而看不见一大车柴火。'那王相信吗？"

齐宣王说："不。"

孟子说："如今王的恩惠足以推及禽兽，而不能使百姓得到好处，却是为什么呢？那么，一根羽毛拿不起来，是因为不肯用气力；一大车的柴火看不见，是因为不肯用眼力；老百姓不能得到安定，是因为王不肯施恩。所以王不能称王于天下，是不去做，而不是不能做。"

齐宣王说："不去做和不能做的情况，有什么不同呢？"

孟子说："用胳膊夹着泰山而越过北海，对人家说：'我不能。'这确实不能。替老人折取树枝，对人家说：'我不能。'这是不肯做，不是不能做。所以王不能称王于天下，不是属于夹着泰山越过北海一类；王不能称王于天下，是属于折取树枝一类。

"敬养自家的老人，从而提高到敬养别人家的老人；爱护自家的小孩，从而推广到爱护别人家的小孩。（这样）治理天下就会像在手掌上玩弄东西一样容易了。《诗经》上说：'做妻子的表率，从而推广到兄弟，再推广到封邑和国家。'说的就是要把这种好心应用到其他方面去罢了。所以推广恩惠就足以安定天下，不推广恩惠就连妻子也得不到安定。古代的人之所以大大超过现在的人，没有别的，就是善于推广他们的行为罢了。如今王的恩惠足以推及禽兽，而不能使老百姓得到好处，却是为什么呢？"

宣王也是一个颇有心机的人，他问齐桓、晋文之事，表面上是在谈历史，实际上也是在借历史表明自己的"所欲"：他要像齐桓、晋文一样成就霸业。当然，他一定知道孟子是倡"王道"而反"霸道"的，所以，他不能直接与孟子谈"霸道"问题，而是把这种想法打扮了一番，以历史人物的面貌出现，他是在玩"借历史反王道"的把戏。若孟子不察他的用意，与他大谈齐桓、晋文，孟子可就上了他的圈套。但孟子岂能在这样的地方掉以轻心，对齐宣王的真实用心疏忽大意？他看穿了宣王的用心，只一句"仲尼之徒，无道桓文之事者，是以后世无传焉，臣未之闻也"，轻轻地就把对方的招数化解了。

注意，孟子这句话，实际上是绵里藏针的，"仲尼之徒，无道桓文之事者"云云，实际上是在警告齐宣王：我是仲尼之徒，你拿这个问题问我，是失礼不敬的！但若话就此打住，语气就太生硬、太冲撞了，双方就僵住了，所以下面又接以"是以后世无传焉，臣未之闻也"，好像前面所说的，不是警告，而只是说明自己不能谈（注意，不是不愿谈——孟子就是要巧妙地把不愿谈转化为不能谈）的原因。但我们知道，实际上这个借口是孟子编造的，仲尼之徒何尝不谈桓、文？就是孔子，也大谈桓、文，《论语》中孔子就谈及齐桓公、晋文公，更多的还谈到了管仲，并以"仁"许之。这一点，齐宣王也未必不知道，但孟子既已严肃地这样说，他也无可奈何。而孟子化解了对方的进攻后，顺势乘虚而入"无以，则王乎？"——不能谈霸道了，我们今天谈谈王道如何？把主动权、话语权都抢了过来，孟子的这种做法，倒真有些"霸道"，这正是他的一贯作风。

　　但齐宣王当然不甘心就这样缴械投降，在孟子提出"保民而王"的正面主张后，他突然问了一句："若寡人者，可以保民乎哉？"这句话也是暗含圈套的。他知道孟子对他的施政方针是不满意的，对他的道德评价也是不高的，所以，他问这个问题，内心里一定是在等着否定的回答，他也一定以为等到的是否定的回答，而一旦得到否定的回答，他就可以乘机脱身而去：既然我不能保民而王，我还是逞武而霸吧！但他万没想到孟子的回答那么干脆利落并且几乎不容间隙："可。"一下子就堵住了宣王的退路。孟子岂是容易落入圈套的？当然，这一声"可"的回答也不仅仅是权宜之计，而是孟子的一贯主张。主张人性本善的孟子，有一名言，叫"人皆可以为尧舜"，这地方的"可"，也就是"人皆可以为尧舜"之"可"。当然，这一"可"，不是"行"，而是"可能行"，只是一种可能性。孟子所肯定的也只是可能性，而不是现实性。

"何由知吾可也？"——宣王显然对孟子的武断自负很为厌烦，对自己被对方识破，脱身的后路被堵更为恼火。——你凭什么说我行？

在一段短兵相接式的交手后（这"短兵"，也就是语言的短小利落了），孟子有意调整一下节奏。齐宣王已经很恼火，也要适当调整一下他的情绪，所以他没有直接回答，而是平静地叙述了一个事件——"齐宣王以羊易牛的故事"。孟子叙述这个事件既是为了回答宣王，展开下文，同时，这一叙述也拖延了时间，从而缓解了紧张的气氛。等到孟子叙述结束，齐宣王回答"有之"时，他显然仍然怒气未消，但已不那么一触即发了。然后孟子回答"是心足以王矣！"注意，我们若把此句以下一直至"于我心有戚戚焉"删去，直接接以"王曰：'此心之所以合于王者何也'"，就"论理"的角度说，毫无损失，且简洁明白畅达了许多。那么，此间"百姓皆以王之为爱也，臣固知王之不忍也"至"于我心有戚戚焉"有什么意义？——它的意义在于通过对齐宣王到底是吝啬还是仁慈的辨析，得出宣王有"恻隐之心"结论，并由此让宣王"心有戚戚"，在心理上彻底打垮宣王，在情感上俘虏宣王，使他俯首帖耳，言听计从。孟子先是顺手一推，让宣王落水："百姓皆以王之为爱也"，让宣王处在全国人嘲笑议论的尴尬中，并使之不能自救，在"是诚何心哉"的自问中，不能自圆其说，万分委屈与烦恼却又无可奈何，然后又援之以手，救他上岸："无伤也，是乃仁术也！"通过"见牛未见羊"的心理分析，让宣王摆脱窘境，同时又水到渠成地证明了宣王"不忍之心"的真实存在，从而"有效"地证明了宣王确实"可能"实行王道，现在只看他自己是否愿意了。从文脉上讲，又顺理成章地引出了下面"不为者与不能者"的辨析。而且通过这么一打一拉，打一耳光又揉一揉，使宣王对孟子救他出困境万分感激，从而在感情上被俘虏了。孟子果真是辩论的高手！再看下面：

　　曰："邹人与楚人战，则王以为孰胜？"

　　曰："楚人胜。"

　　曰："然则小固不可以敌大，寡固不可以敌众，弱固不可以敌强。海内之地，方千里者九，齐集有其一；以一服八，何以异于邹敌楚哉！盖亦反其本矣！今王发政施仁，使天下仕者皆欲立于王之朝，耕者皆欲耕于王之野，商贾皆欲藏于王之市，行旅皆欲出于王之涂，天下之欲疾其君者，皆欲赴诉于王。其若是，孰能御之？"

　　从"王发政施仁"一连串用了五个排比句，写出了天下归心的大局面，真有百川归海、风起云涌之感。这显然又与孟子对自己理论的自信，及因此而来的充沛的激情、浪漫的情怀有关。他文章的气势足以感人，而这气势确实如他所说，是来自于他内心道德上的"浩然正气"。像孟子的这种辩论特色，更多地显示出其个人性情及文学性的一面，我们从中读出了辩论双方的心理活动，主动与被动的转换，攻与守的变化，机关与陷阱的埋设与避让，自我情绪的表现与对对方情绪的控制、说话分寸恰到好处的把握，以及在排比、比喻、反诘、寓言故事等众多修辞手法中体现出来的文章的气势，说理的形象性、生动性、情感性。这些无疑大大增加了《孟子》一书的文学价值。但作为一部论理著作，《孟子》的逻辑性、说理的严肃性、真实性却有相当的问题，即如上文所引的"邹人与楚人战"一节而论，后面一大段排比句所描绘出的天下归心的"德政"理想确实很有鼓动性，以至于弄得齐宣王也要"尝试之"。前面由"邹人与楚人战"而得出的"小固不可以敌大，寡固不可以敌众，弱固不可以敌强"是正确的，但由之推导出，齐"以一服八"而必败的结论却无论从理论上还是从现实上都不大靠得住。我们知道秦也是占有一州，而"以一服八"，以武力制六合为一的。仔细再看，孟子在这里要了一个小小的花招，他首先把齐与其他诸侯国力量对比只简化为一个因素：土地的大与小，再把这种对比高度抽象为"一"和"八"，从而给我们以错觉：一小八大，一不能胜八。但是，事实上，这里的"八"不是一个整一的"八"，而是八个分散的"一"，齐完全可以各个击破，如秦以后所做的那样。

从上面的例子可以看出，孟子确实善辩。但无论孟子的辩论技巧多高，终不能弥补理论自身的缺陷。他可以一时之间运用多种手段，包括心理战术，而使齐宣王感激奋发"请尝试之"，但他并不能真正证立"仁政"的现实性，他至多只证立了这种"仁政"的价值。所以，正如我们知道的那样，齐宣王后来没有真的去"尝试"、去实行他的"仁政"主张。同样，无论孟子在后来的历代统治者那里得到了多少口头的推崇，但也不见有一个君王照他的主张来治国。他的仁政主张只是成了历代士大夫空谈政治的话题，而这种幼稚的政治构想竟然能蒙蔽整个中国封建社会的知识界，在相当长的时限中，它几乎"在所有的时间里蒙骗了所有的人"，这是一个学术神话、理论神话，却不能不说是一个民族的悲剧。那些劳心竭虑想求治的士人们只知道耐心地等待一个不失仁心且能把这仁心推恩到广大百姓的圣明君主，并且在无数次的失望后也想不出要另谋生路。这是制度的极限。封建专制制度的文化根基，就是"独裁"，而"独裁"的最大值，也就是"好人独裁"。所以，我们总希望有"内圣"的人能做"外王"，或者在"外王"的人选已定之时（这才是一般情况），寄希望于通过教育与自我修养，使之"内圣"。从贾谊开始，我们即十分重视对太子——储君的道德教育，也就是这个思路。如果不能突破制度的桎梏，我们确实无法窥破这其中的黑暗，无法看到更高远的天空和更多的道路。现代的读者能读出孟子这一套构想的幼稚，应该说是得力于"西学东渐"，知道换一个角度看问题，从而换一个活法。古代的那些智谋之士，其个人智慧不管多大，也不能窥破这个文化阴影之中的机关。孟子的这一套宏伟的、雄辩滔滔的政治构想，本身的逻辑推理除不够严密，有不少漏洞外，最大的问题还在于，他的前提是否错了？一旦不能证明人性是善的，并且君主们都能不丧失这微弱的善的小苗苗，且在花天酒地醇酒妇人以及血腥"相斫"时，还能扶植这个小苗苗，使之蔚然而成大气候，那么孟子的整个政治建筑都将土崩瓦解。

性善论

"性善论"是孟子对儒学的第三大贡献。孔子不愿意谈人性，他可能意识到这是一个不能解答的问题。《论语》中只模糊地提到"性相近，习相远"，只说人性之初大致相近，有共同的人性，但并未作善恶之分。所以，从这一点讲，孟子道性善，荀子言性恶，都与孔子不矛盾。但只有孟子的性善论才能成为儒家哲学、伦理学、政治学的基础。在这一点上，孟子对儒家可谓功勋卓著。后来程、朱等人严厉批评荀子的性恶论，认为荀子因此已失去儒家的根本。他们很明白，在性善问题上决不能让步，这一步让出去了，儒家的政治学大厦就会土崩瓦解。但非常令人为儒家担心的是，孟子在他的七篇大作里并没能证明"人性善"。后来的程朱理学以及现代的新儒家，都没能证明"人性善"。不能证明人性善，却依然不妨碍他们谈"内圣外王"，甚至膨胀到认定儒学将要拯救世界，这就不是老实的学术态度了。

孟子也知道，能否证立"性善"，事关重大，所以，他几乎是绞尽脑汁，能想到的都想到了，能利用的都利用了。但客观地说，虽然他用力不少，但由于方法不科学——事实上，这也不是他的错，我们至今也没找出一个科学的方法来证明人性善或恶，找到了方法也就找到了答案——他的证明基本上都属于无效证明。比如，他最喜欢用的，也最为一般读者信服的证明方法有三个：经验证明（举例证明）、比喻证明和类推证明，但我们知道，经验、举例、比喻、类推都不是科学的证明方法。孟子运用不少经验来证明人性善，但我们还可以举出更多相反的经验来证明人性不善，甚至恶。比如，孟子用"恻隐之心"来证明人性本善，使用的就是经验证明。我们几乎每个人都有触动恻隐之心的经验，好像其普遍性足以证立人性本善。但是，我们是否也普遍具有"小人之心"的经验呢？如同孟子所说，我们看到一头牛将被杀，一个小孩将落井，马上就会有怜悯和救助之心涌现；但另一方面，我们是否也暗暗地有一些别的思想和情感，比如妒忌、幸灾乐祸、争夺等等？所以，若以经验来证明，我们也可以证立人性恶。而举例说明更为幼稚可笑，我们找几个三角形，测量出它们的三内角之和皆为180°，就能证明"三角形的内角和为180°"？不用说几个，几千个几万个也不行，你必须另找"科学的一揽子解决的方案"。若是通过多举例就能证明科学规律，那"哥德巴赫猜想"就连小学生也能证明了。

孟子还特别喜欢比喻证明和类推证明。但用比喻论证实在是冒险，是冒险的证明，当然，也可能是一种有意为之的骗局，这要视证明人的品性而定。我们举一例。

告子认为，人性如同流水，挖开西方则向西流，挖开东方就向东流。所以，就如同水没有一定的方向一样，人性没有善与不善。孟子批驳说："水确实不分东西。但也不分上下吗？人性的善，就如同水往下流一样。人的本性没有不善的，水没有不往下的。"告子用比喻例证，孟子也用比喻反驳，而且也以水为喻，真正的善辩，就地取材，操斧伐柯。但告子似乎仅仅以比喻来说明，而孟子则直接用比喻来证明。用比喻来说明是可以的，但用比喻来证明则是不允许的。在这里，孟子就犯了两个错误。一是水固然往下流，但这也不是水的本性，这是地球引力的结果，与告子所说的往东往西流一样仍然是外在影响。有读者会为孟子辩护说，孟子那时还没有发现地球引力呢。但问题不在于孟子能否利用现代科学的发现去证明他的理论，而在于，假如他的理论是科学的，就不能违背客观事实，不管这个事实是什么时候发现的。孟子犯的另外一个错误是，这个比喻论证可以证立其真，也可证立其伪，也就是说没有不往下流的水，只能比喻人性有一共同趋向，用它来证明孔子的"性相近"还可以，但并不能证明它的具体方向。也就是说，它不能用来证明孟子的性善或荀子的性恶。因为无论说"性善"还是说"性恶"，都符合这个比喻的内涵。孟子的原话是"人性之善也，犹水之就下也，人无有不善，水无有不下"（人性的善，就如同水总是往下流一样。人性没有不善的，水没有不往下流的）。我们把它改动一个字看一看，"人性之恶也，犹水之就下也，人无有不恶，水无有不下"。改"善"为"恶"，这个比喻不仍然成立吗？

事实上，孟子坚持人性本善，并不是在坚持科学，而是在坚持价值。他并不是由于先行发现了人性善，而后为了维护科学而与他人辩论——科学还需要辩论吗？我们只要把它的发现过程展示一下就可以了——他是先认定一种价值，为了这种价值，必须有人性方面的支持，所以，他不得不硬着头皮再来证明人性本善。那么，他要保护的价值是什么呢？我们从他的一句话来窥探一下，这句话是："言人之不善，当如后患何？"——他的意思是你若说人性不是善的，那么人要是做了坏事，并安心于做坏事，且声称这是出自人的本性，你有什么理由制止他呢？唉，这位天真的孟夫子，他竟幼稚到想用道德激励的方法来防止罪恶！而后来的人也确实这么干了。我们喊"皇上圣明"，心里并不认为那个憨大真的圣明，而是想借此鼓励他变得圣明一些；喊"皇上仁慈"，也并不认为那凶恶的家伙真的仁慈，而是想借此使他不好意思凶恶。噫！当我们认定性善，撤去一切自我防范，把一切都交给这个伟大光荣正确的"皇上"后，我们除此之外，能有其他什么法子吗？谁让我们撤除了对权力的戒备呢？是"人性善"呀！所以我们也只有等待着君主们偶然一次良心发现，像爱惜一头牛一样爱惜我们了。

写到这里，我想起了黑格尔关于人性的议论。他首先承认无法从事实上证立性善或性恶，所以他认为，说人性善或说人性恶都对，但他下面的话很有意思："当人们说人性善时，是说出了一种伟大的思想；但是，当人们说人性恶时，是说出了一种更伟大得多的思想。"

显然，黑格尔在人性善恶问题上，与孟子一样，无可奈何之中，放弃了从科学上证明其真的努力，而选择了从道德角度证明其善，也就是说他们都放弃了作事实判断，而专力于作价值选择。但黑格尔的选择却正与孟子相反！为什么说人性恶比说人性善伟大得多？因为说人性善，只能祈求人们向善，它相信人的自我道德约束，最终导致的是政治专权。正如我上文说到的，它的极限就是"好人独裁"。而说人性恶，便能提醒人民积极地去防恶。它固然可能在独裁社会中成为恶的帮凶与放大器，如中国历史上的法家理论；但在民主社会中，就能导致对权力的制衡，如西方的分权理论与民主政治。真的，就道德而言，孟子说出了一种伟大的思想；就制度而言，老黑格尔却说出了更伟大得多的思想。

孟子的障眼法

孟子的言论，往往有不刊之论，这是其不朽之处，但这也是他的障眼法。读者读他的那些正大之论，会被他的道德正义所感染，热血沸腾中心旌摇荡，从而忽略了他的不通事实、不合逻辑处。他的正大之论，往往和他所要解决的具体问题不构成对应关系。他的哲理，或不能从他摆出的事实中推理出来，或不能解答他要论证的问题。所以，他的文章，往往徒以气势胜，而缺乏内在逻辑。如《孟子·公孙丑上》：

　　孟子曰："矢人岂不仁于函人哉？矢人惟恐不伤人，函人惟恐伤人。巫匠亦然。故术不可不慎也。孔子曰：'里仁为美。择不处仁，焉得智？'……不仁、不智、无礼、无义，人役也。……"

　　——孟子说："造箭的人难道（天生）比造铠甲的人不仁吗？造箭的人唯恐不能伤人，造铠甲的人唯恐人受到伤害。巫医（唯恐自己的法术不灵救不活病人）和木匠（唯恐不死人棺材卖不出去）也是如此。所以选择职业不可不慎重啊。孔子说：'自居于仁的位置是最好的。选择自己的位置时不自居于仁，哪里算聪明呢？'……

不仁、不智、无礼、无义的人，只能做仆役。……"

这一段话前面几句所叙的事实是正确的。它恰恰说明了抽象道德观念的无用。它说明，一般情况下，人的行为有一具体目标，这一目标即是利益及其最大化，而非抽象的道德。道德只是对实现这一目标的行为进行规范化，使之合理、合法、有序地运作（有时，我们也会有纯道德的行为，比如孟子说到的，看到孺子将入于井，我们会赶紧上前救他下来。也会帮助贫弱者，如慈善事业等，但那不是我们的一般行为，更不是我们生活的全部内容，只是生活之一部分，而非日常行为）。但孟子得出的结论不是这样，而是正相反。他由抽象道德至上的观念得出了"术不可不慎"的结论，实在令人匪夷所思。如果照他的说法，人在造箭与道德之间只能做出一种选择，要么去造箭而不要道德，要么要道德就不能造箭。而他是鼓励人们不造箭以完成道德自我完善的。但我担心的是，如果像他说的那样，道德自我完善是完成了，而他所极力称道的商汤周武的征伐却完不成了，他们哪里有弓箭去征伐呢？而那些为商汤周武的征伐而造箭的人也是不仁的吗？

再申之，孟子讲厚葬，他对古代的棺椁大小尺寸了解得很透彻，主张"不以天下俭其亲"，并且身体力行地厚葬了自己的母亲。如果他要求造棺材的木匠都谨慎地重新选择自己的职业，以完成道德自我完善，那孟子葬母的大典就完不成了，除非孟子自己去造棺。而那为孟子先母造棺椁的人也是不仁的吗？况且，没有了箭，还要铠甲干什么呢？如果没有了"自居不仁"的造箭者，"自居于仁"的造铠甲者不也消失了吗？

如果说，孟子的"术不可不慎"是说职业（或专业）也有道德与非道德之分，那么，他的"为役"论，则又好像在说，地位的高低也有道德与非道德之分。一个大思想家竟然糊里糊涂地搞出这么一个结论，实在有些匪夷所思。

孟子大概发现，证明道德及道德行为具有无与伦比的现实威力，是一件极愉快的事，他可能还认为这种证明意义重大，从而有了舍我其谁的责任感和原动力。于是我们现在读到的《孟子》七篇，这种证明比比皆是、触目皆是。其中最著名的一篇，大约要算中学课本上必选的《得道多助，失道寡助》（有的选本以最前两句为题，作《天时不如地利，地利不如人和》）这一段了。这一段不长，我先引在下面：

　　天时不如地利，地利不如人和。三里之城，七里之郭，环而攻之而不胜。夫环而攻之，必有得天时者矣，然而不胜者，是天时不如地利也。城非不高也，池非不深也，兵革非不坚利也，米粟非不多也，委而去之，是地利不如人和也。故曰：域民不以封疆之界，固国不以山溪之险，威天下不以兵革之利。得道者多助，失道者寡助。寡助之至，亲戚畔之；多助之至，天下顺之。以天下之所顺，攻亲戚之所畔，故君子有不战，战必胜矣。

　　得道多助，失道寡助。从价值认定的角度说，我举双手赞成孟子。我们应当义不容辞、义无反顾地去做一个有道的人，而不能成为一个无道的人（当然，孟子这里原是指有道之君和无道之君），而且，得道的人，应当在"得道"的同时，"得到"众人的帮助和支持；失道的人，也理当为人摒弃而使之付出"失道"的代价。

　　但这里只是说"应当""理当"，只是一种道德诉求，而不能说"一定会"。道德诉求并不总是转变为客观事

实。事实上，道德及道德行为并没有一个预设的好结果
在前方等着（这是一个二律背反的问题。如果实行"道
德"，就是冲着那已预设好的利益而去的，那么"义"即
是为"利"，这种行为本身也就不再是道德行为）。况且，
"为善的受贫穷更命短，造恶的享富贵又寿延"（关汉卿
《窦娥冤》）也是常见的社会现状，冤的不仅是一个窦娥。
即以孔子、孟子自身而论，他们算是得道之人了吧，但
他们一生的遭遇又如何呢？还不是处处碰壁，为人所
拒，何曾得道多助过？我只看见拆他们台的小人、小政
客一拨又一拨，不见什么对他们捧场的人。说句不招人
喜欢的话，假如孟子再生，就是新儒家们，怕也不一定
会去助他，那么倒霉的人，连个学界祭酒都不是，助他
有什么好处吗？不得道者，也不一定就寡助。大盗柳下
跖手下的人据说也是"三千"，和孔子的门徒打了个平手
（庄子说他"盗亦有道"，但此"道"与孟子的"道"不
能混淆）。鲁哀公不能算是得道明君吧，但鲁国人谁敢
不服从他？孔子恰恰是带头恭敬他、抬举他、辅助他，
引导大家忠诚于他。只可惜鲁哀公还不大稀罕。

　　所以，孟子这一段正气浩然的道德之论，虽有极
大的感染力，以致几千年来成为对莘莘学子进行思想教

育、道德培养的必读章节，但逻辑上却不大讲得通。"天时不如地利，地利不如人和"的层层论证，更缺少基本的逻辑关联。"然而不胜者"，可能有多种原因，不一定就是没有地利；反过来，有地利没有天时，比如中国的西部大开发，西部固有资源丰富的"地利"，然而没有中央决定开发西部的"天时"也不行。所以，也可以说"地利不如天时"。而孟子论证"地利不如人和"，更是一厢情愿地先假定他要贬低的不重要的条件（地利）都具备，然后再证明因他要推崇的重要条件（人和）缺乏而失败，从而证明自己的观点，这种做法，是十足的蛮不讲理。"万事俱备，只欠东风"，难道能证明"万事不如东风"吗？其实，一物之实现，必要条件可能只有一个，而充分条件往往有多个，缺一不可。这"多个"充分条件的任一个，都不能说比其他条件更重要。如果我们可以学孟子，还可以证明"人和不如地利，地利不如天时"呢。下面我就模仿孟子的口吻来试做一下：

　　鲍子曰："人和不如地利，地利不如天时。十万之众，数千之乘，少长有礼，同仇敌忾，夫同仇敌忾者，人非不和也。然委而去之者，是城不高也，池不深也，兵革不坚利也，米粟不多也。故人和不如地利也。物非不博也，地非不大也，矿藏非不丰厚也，人民非不勤劳也。弃置而不得开发，是地利不如天时也。"

如何？

像孟子这样绝顶聪明的人，何以会犯这么多简单的逻辑错误？他说他为人有两大优点，其一就是"知言"。他还指斥过他那个时代言论上的诸多毛病，把它们概括为诐辞（偏而不正的言论）、淫辞（过头的言论）、邪辞（不正当的言论）、遁辞（吞吞吐吐的言论）。但偏偏他著作中的诐辞、淫辞、邪辞与遁辞比谁都来得多、来得绝、来得固执、来得自信与傲慢，当然可能还来得自觉与故意。原来孟子谈问题，不是在说"这样是真的"，而是在说"这样是好的"。所以，他所谈的，不是真理，而是道理。他认定价值判断优于事实判断。甚至对历史，他也采取这种态度。他所谈的历史，往往不是事实中曾有的历史（他根本就没兴趣对历史作事实的考证），而是他想象中的历史，在想象中美化或丑化的历史，或者说是他主观中的历史。你看他谈尧舜，谈汤武，谈他们的立身、行事和政绩，哪一点不是他主观认定"该是这样的"？用这种态度来研究历史，是不科学的；但他的这种方法，却影响了中国几千年，影响了中国知识界几千年来关于历史的信念和道德的信念。

内圣了就可以外王吗

　　孟子政治构想的脆弱易碎，还不仅仅在于他的基础"性善论"的可疑。这只是第一个问题。还有第二个问题，这个问题同样使它致命。这第二个问题是：即便出现了一个绝对的圣人，而他又具有了绝对的权威，像新儒家们喋喋不休地鼓吹的，内圣外王都有了，他能仅凭一己的道德示范治理天下吗？

　　被列入儒家经典"四书"之首的《大学》上，有一段著名的话："古之欲明明德于天下者，必先治其国；欲治其国者，先齐其家；欲齐其家者，先修其身；欲修其身者，先正其心；欲正其心者，先诚其意。"这就是

"修身齐家治国平天下"的最经典表述。一气贯注，大气磅礴，简直有雷霆万钧席卷天下之势，它的秘诀就是似是而非的关联语连续出击，如一套组合拳，打得你晕头转向。你根本无机会清醒就已放弃了自己判断，向它投降缴械，点头称是，唯唯诺诺，这实在是作文唬人的一个好法子。然后，它笔锋一转，又来个逆向推理，顺原路横扫回去，更其驾轻就熟，势不可挡："意诚而后心正；心正而后身修；身修而后家齐；家齐而后国治；国治而后天下平。"记得我初读《大学》时，见此一段高论，立刻佩服得五体投地，俯首帖耳。但我现在清醒过来后，才发现这种文风实在太恶！太霸道！如果我们在清醒的状态下，用自己的头脑来慢慢判断，会发现在修身与齐家、齐家与治国、治国与平天下之间，根本不存在这样"直通车"式的简单逻辑关系。即便孔子、孟子这样的圣人层次的人物，也未必能符合这个逻辑。《大学》上还说："其家不可教而能教人者，无之。"那么，我随便举一例就可驳倒这个谬论——舜。舜在没有做天子前，他的家可是一团糟：不但他的异母弟要杀他，好霸占二位嫂子（这二位嫂子可是尧的女儿，又可见贵为天子的尧，也是一个不能用道德感化恶人从而保护自己的女儿、女婿的人），连他的亲生父亲瞽叟，也一起来谋害他，好占有他的牛羊和谷仓。当然，这个例子不用我举，韩非子早就举过了。那我就举个更难的，这个理论的创始人——孔子和孟子。

孔孟没有机会去治国平天下，我们一直是认为他们有此能力而无此机缘，有此理论却又被现实扼杀的。但他们的家齐得怎么样呢？如果用他们的这套理论，果然治得家里父慈子孝、夫良妻贤，那倒还好，还真让我们为他们的不得志而抱怨千载之下。但若他们的家齐得不好，也就是说，"修身"以后并不能"齐家"，那这一套大话还没说上两句就会卡了壳。可笑的是根据我的了解，他们还真的没齐好家。

《论语》中有孔子这样一句话感喟："惟女子与小人为难养也，近之则不逊，远之则怨。"这话是大家都熟识的，但这里面有一个问题，我们知道孔子是一生不和女人有瓜葛的，他曾很愤激地说过："吾未见好德如好色者"，这话也可算是一个证据。况他手下有三千弟子七十二贤者，有一些高足们更是行则同车、止则接席，老先生若是和女人有来往，肯定不大便当，也有损形象，并且《论语》中确也无这方面的记载。古代严正的哲学家和现代浪漫的艺术家是有不同的为人风格的。他老先生只是在恓惶中和卫君的那位美而妖的南子夫人乘车在街上风光了一回，就遭到了认真而呆板的子路的质疑，弄得他指天发誓说明自己清白。人到了"圣人"的地步，就不大能恋爱自由了。所以我想，孔子这句发自肺腑的感慨绝不是经历的女人多了，在女人那里吃的亏多了，才这样醒悟的。小人他倒是碰到过不少，并且是大吃其亏。但他把"女人"与小人放在一起，骂了一通，这其中消息颇值得玩味。又，孔子那时还没有《妇女心理学》《第二性》这一类科研项目，他老先生自己热心安邦治国，要"兴灭国，继绝世，举逸民"，任重而道远，对女人问题他并没有做专门研究。那么，他的这句意味深长的感慨因何而发？毫无疑问，来自他的夫人。至少可以包括他的夫人（总不会有什么新儒认为孔子有丰富的外遇或者认为孔子这句感慨来自他那位守寡一生的孤苦的母亲颜征在吧）。对圣人的这位悲苦的夫人我们现在茫昧了，好在孔子有子名伯鱼，由伯鱼可以逆推其母的存在。现在我们来平心静气地研究孔子的话："近之则不逊，远之则怨"，更可知此"难养"的女人，实即孔夫人无疑，不然孔子还和另外哪位女人有此种有时近有时远，聚合又分别，分别又聚合，忽而亲如胶漆，忽而疏如楚越的丰富体验？而这也正是孔夫人的写真。当圣人"志于道"而周游列国的时候，孔夫人独守空房，能不有些闺怨之情？她又不是"志于道"的女圣人。待终于盼到丈夫归来，当然想亲热一些。孔子不怪自己疏于齐家，轻视夫人，反而怪妇人不逊且怨，并进而推论凡女性皆难侍候，这总不大公道吧。

再看孟子，《韩诗外传》载，他的夫人傲慢，他要休她，《列女传》说孟子夫人在自己卧室中袒露了些，孟子不进房门。荀子也提到他"休妻"之事，可见他的家庭也不睦，或者说他的夫人也颇难侍候。看来，不是有了一个圣人老公就可以带出一个好伺候的老婆的。

由以上可知，即便是在人伦最高等级的孔孟圣人，也是没有齐好家的，他们自己承认，要齐家，"难"！不像《大学》上讲的那么容易。

事实上呢，自身道德高尚而不能感化妻子的圣人级人物古今中外都有，但这并不有损于圣人的光彩，却可以证明"修身齐家治国平天下"理论的破产。我再随手举两个：希腊大圣苏格拉底治不住家里的老婆。美国总统林肯治国平天下颇为成功，使南北一统，并解放黑奴，他自己的个人道德被称作"伟大人性的证明"（卡耐基）。他的圣徒般的头像被雕在1800多米高的布莱克山拉什莫尔峰顶，与华盛顿、杰斐逊、罗斯福并肩而立，但他也家有恶妻。看来，治不好家的人也可以治好国，也不像《大学》上讲得那么绝对。

伦理学上的大命题

上文是我对孟子政治理论的批评，也是我对他"大不以为然"的地方。但另一方面，他又能得我之"大尊敬"，这就是他在伦理学上的杰出贡献，以及他的大丈夫式的人格。

他在伦理学上的杰出贡献，应该是他证立"舍生取义"的大命题。孟子证明客观真理，总显得勉强而力不从心，他逻辑不严密，证据也不充分。但他一涉足伦理学领域，便雄辩滔滔。在证明科学时，他往往是失败的，已如上文所述，但在证明价值时，他非常成功。因为道德伦理往往是一种信仰的建立，而不是客观科学的证立。建立一种道德信仰，需要的是一种价值估定，而价值往往是人为的；证立客观科学，需要的是严密的逻辑推理和事实支持。如《鱼我所欲也》这一节：

　　鱼，我所欲也；熊掌，亦我所欲也。二者不可得兼，舍鱼而取熊掌者也。生，亦我所欲也；义，亦我所欲也。二者不可得兼，舍生而取义者也。生亦我所欲，所欲有甚于生者，故不为苟得也；死亦我所恶，所恶有甚于死者，故患有所不辟也。如使人之所欲莫甚于生，则凡可以得生者何不用也？使人之所恶莫甚于死者，则凡可以辟患者何不为也？由是则生而有不用也，由是则可以辟患而有不为也。是故所欲有甚于生者，所恶有甚于死者。非独贤者有是心也，人皆有之，贤者能勿丧耳。

　　孟子要建立一种"舍生取义"的文化信仰，他只需要说明为什么必须这样就可以了。也就是说，他不需要证明"舍生取义"为"真"，他只要证明"舍生取义"为"善"。而在这一点上他做得非常成功，他反问我们，假如没有什么东西比生更重要，那么不就凡是可以得生的手段都可以使用吗？同样，假如没有什么比死更可怕，那么凡是可以避死的事，不都可以做吗？这两个"凡是"，必使人类堕落而无止境。所以，为了人类的崇高和自尊，人类必须建立一个道德底线，在任何情况下，都不能不择手段，都不能无恶不作。那么自然地，就必须有一种东西比生更重要，更值得我们珍视，那就是"义"；必须有一种东西比死更可怕，更要我们避开，那就是"不义"。

　　孟子用两个假设，两个反问，就证明了这么伟大的伦理学命题，显示出的不仅是他作文章手段的高超，更是他思维缜密，直达事物核心的大本领。对人、物有透彻的认识，对世界有是非判断力，这才是作文章的最高秘诀。

好骂人的大丈夫

有意思的是，与二程、朱熹对孟子的那一套政治构想无条件赞同形成绝大反差的是，他们对孟子身上表现出来的"大丈夫"人格却极为反对。大约是专制渐深，奴才积习渐深，"大丈夫"人格便不再适合。比如程颐，他对孟子的"英气"就颇为不满。也算他鼻子灵，能嗅出这在专制社会中稀有的气质：

> 孟子有些英气，才有英气，便有圭角。英气甚害事。如颜子，便浑厚不同。颜子去圣人，只毫发间。孟子大贤，亚圣之次也。

因为孟子有英气，有圭角，便成不了圣，而退居颜回之后。我有一段时间不明白为什么宋明之际的道学家总是抬高颜回。我现在疑心，颜回的迄无事功与他们之空谈心性百无一用，正好相合。

孟子有英气，英气勃发，那是丈夫初长成时的阳刚之气、浩然之气。孟子有圭角，凛然难犯，那是男儿的铮铮傲骨，无一丝邪媚之态。这正是孟子最了不起的地方。而程颐，照他看来，孟子若去掉英气，磨去圭角，圆滑邪媚，又酸臭冬烘，像他那样整日龟缩在一己的养性斋中做所谓的道学，养所谓的心性，对天下汹汹罪恶装聋作哑，以麻木不仁为圣贤气象，以无同情心、无良心为修道正果，那才算是成了"圣"？非常值得我们关注的是，道学在两件事上特感兴趣：一是君臣关系，二是男女关系（夫妇关系），所以，道学也者，臣妾之道也，奴才之学也。

　　孟子比起程朱，确乎是顶天立地的豪杰、硬汉子。他的浩然之气充塞于天地之间，使得二程、朱熹之流愈显卑弱而屡头；他的粗嗓门发出的是黄钟大吕般的声音，愈显程朱们的声音如尖细的秋虫之鸣。

　　中国古代政治与文化的关系，恰如夫妻关系。有时文化甚至连妻的地位都没有，而是妾。妻妾很小心地侍奉丈夫，温柔敦厚，即便怨也不能怒，即便哀也不能伤。"夫为妻纲"与"君为臣纲"是并列的，文人一旦做了"臣"，君就是他的纲，而"臣"与"妾"合成一个新词叫"臣妾"。可见做了人家官僚机构中的一员后，便如同做了妾，臣为君所弃，或降职、流放，亦如同美人之失宠，打在冷宫。这一点，连旷代的大英雄，以五十人冲入对方五万人大营活捉叛徒的辛弃疾也不免，他就以汉代失宠于汉武帝的陈皇后陈阿娇比喻自己失意于宋孝宗。我在教学中，每当讲到他这首"敛雄心，抗高调，变温婉，成悲凉"（周济评语）的《摸鱼儿》词，便心灰意冷。纵使你有万丈雄心，碰到哪怕是像宋孝宗这样的庸碌的君，你不也只得雌伏为温婉又悲凄的小妾？这也就可以明白，为什么中国古代文学是"诗界千年靡靡风"，为什么有那么多自比弃妇的大男人及其凄凄惨惨戚戚哀哀怨怨的文学，是什么使得中华民族"兵魂销尽国魂空"（梁启超《读陆放翁集》），又是什么让鲁迅先生痛心疾首于中国的专制统治，不仅给外来征服者留下了子女玉帛、江山社稷，还为他们培养了"顺民"，使得他们占领后舒舒服服地统治。这种文化传统太可怕了。

但在孟子时情形还不是这样。至少那时候诸侯多，又没有包办婚姻，更没有"一女不事二夫"之说，所以，可以移情别恋，也可以独身。孟子就有意识地保持自己的独立，宁做处士（这个"处"也就是"处女"的处），也不随便入你彀中。他在齐国就只做客卿，"不治而议论"，在"不治"中保持"议论"——也就是文化批判的权利、自由与视角，保持文化的独立品格，他说"以顺为正者，妾妇之道也"。妾妇之道也就是为臣之道，他不愿意顺，所以他不臣。他要使自己的自由绰绰而有余地。他还说"大德者不官不王"，这更是知识分子和知识独立的宣言。他不做臣，他要做"王者师"，王者若不认他这个师，他就做独立的大丈夫。不吝去留，了无牵挂，就是不做委身事人的妾。

李贽曾倾心赞美齐宣王为"一代圣主"，这个意见我也是同意的。让一帮人在他身边"不治而议论"，专挑他的不是，他还供给这些人很不错的饭碗、别墅和车辆。至少从胸襟气度上讲，古往今来，比得上他的还真没多少。

宣王的资质禀赋也很不错，从上引他与孟子关于王道、霸道的对话中，我们可以发现，他实际上是孟子最好的对话者。他不仅胸襟足以容纳天下学子，而且智力可以讨论天下学问，这篇文章好，有他一半的功劳。他每一次的答与问，都显示出他的领悟力，并且让对话一直在高层次、高境界上进行，这是梁惠王、梁襄王父子万不能及的。一场精彩的比赛，定是在高手之间进行。以对话作为文章展开手段的说理文，要求于对话者双方的就是这种水平。但就是对宣王，孟子也是没有一点"感激"之态的（比较一下后世文人，动辄"皇恩浩荡""感激涕零"，真天壤之隔）。有一次，齐宣王派人来请孟子去聊聊，孟子摆起了架子，说什么圣君有不招之臣，必须先师之然后臣之，让宣王来见他。他先自定一套游戏规则，说人受尊重有三点：年纪大、学问深、地位高。宣王只占了一条地位高，而我孟子占了两条，二比一，当然应该是他来见我。孟子的朋友景丑责怪孟子说："我是常常看见齐王敬重您，而从未见过您何时敬重过齐王。"这句话可以让我们想见孟子平时的气派与宣王对他的礼教周全。而孟子对景丑的回答是，我对齐王的敬重，体现为我为他指正道，而不是顺从他。在孟子与齐宣王的关系中，孟子食人之禄却没有一点谀媚之态，宣王位尊权重却没有一点蛮横之状。让人叹为"双得"：孟子得道，宣王得势。得道者自信自尊，得势者自抑自谦。真正的好学者，真正的好君王！

　　孟子还好骂。比如他骂杨、墨：

　　　　杨氏为我，是无君也；墨氏兼爱，是无父

也。无父无君，是禽兽也。

　　但他更骂诸侯。他常常骂得齐宣王"勃然变乎色"，"顾左右而言他"。对梁惠王、梁襄王这对资质禀赋远逊宣王的父子，他尤其恼火，一则当面骂梁惠王"率兽食人"（带着野兽来吃人）——这简直是说出了专制君主的共同兽性——公开宣布："不仁哉！梁惠王也！"还一转身便在背后骂梁襄王"不似人君"。他把当时所有的诸侯，一律骂为"五霸之罪人"，全都"嗜杀人"。

　　由"大丈夫"到"臣妾"，再到清代的"奴才"，这是中国封建专制社会的人格史。我们再看看孟子"大丈夫"的表现。孔子是"畏大人"的，而孟子则越是在"大人"面前，越是昂藏一丈夫。他虽一介儒士，但因有充沛的浩然之气，有足够的道德自信，他才不会有什么卑躬之态呢：

　　　　说大人，则藐之，勿视其巍巍然。堂高数仞，榱题数尺，我得志，弗为也。食前方丈，侍妾数百人，我得志，弗为也。般乐饮酒，驱骋田猎，后车千乘，我得志，弗为也。在彼者

皆我所不为也；在我者皆古之制也。吾何畏彼

哉？（《尽心下》）

——孟子说："向当权的大人进言，要藐视他，别

瞧他高高在上的样子。殿堂的基础数丈高，屋檐几尺

宽，我即使得志，也不屑这样做。面前摆满食品，侍妾

数百人，我即使得志，也不屑这样做。饮酒作乐、驰骋

打猎，跟随的车子上千辆，我即使得志，也不屑这样

做。他们的所作所为，都是我不屑于干的，而我的所作

所为，都合乎古代的制度。我为什么怕他们呢？"

他们的那种种腐朽与堕落的生活，即使我得了志，

也不愿意做，那我还为什么怕他们呢？真正是"壁立千

仞，无欲则刚"。这种正大光明，这种浩然正气，就是

程颐所惧怕的"英气"、"大丈夫"气。孟子确曾专门论

述何为"大丈夫"：

居天下之广居，立天下之正位，行天下之

大道，得志，与民由之，不得志，独行其道。

富贵不能淫，贫贱不能移，威武不能屈，此之

谓大丈夫！（《滕文公下》）

　　——居住于天下宽敞的住宅——"仁",站立于天下正确的位置——"礼",行走于天下广阔的道路——"义",得志时,和人民一起实行这些,不得志时,独自实行这些。富贵不能使他的心智惑乱,贫贱不能使他的节操改变,威武不能使他的意志屈服,这才叫作大丈夫!

　　正如孟子的这种精神是时代之赐一样,二程、朱熹之流对孟子大丈夫人格的敏感与恐惧,也是与专制渐深、独裁渐酷的时代有关。与他们的反应一致的就有一个朱元璋,这是中国历史上最令人厌恶的君王之一。他就不能容忍孟子。他年轻时不读书,只杀人。待到杀上皇位,才开始读书。一读,才知道那大名鼎鼎的在孔庙里配享孔子,受后人祭拜的孟子,原来对权势是如此的大不敬!专制魔王大动肝火了,他破口大骂:"这老东西如果生在我明朝,他能免于一死吗?"为了抖威风,为了树立皇权神圣和不可亵渎的威风,他把孟子从孔庙中赶了出来,把他的书大肆删节。需要说明的是,他删去的部分,正是孟子对王权不敬的部分,也就正是二程、朱熹不喜欢的部分。我们可以想见朱皇帝对孟子的咬牙切齿的痛恨。我们由此完全可以明白，为什么在先秦而后，在中央集权的封建专制制度下，不能再出现孔子、孟子式的圣人。在最后一个大清王朝，满朝都是自称"奴才"的"贱人"。但另一方面，一个人的文章能让千年之后的暴君恶棍如此咻咻不已，肯定是好文章。暴君的切齿声，是对文章的最高评价。

看守月亮的树

清洁的精神

关于庄周的生平事迹，史书上的记载很简略。司马迁说他是宋国蒙（今河南商丘）人，曾做过漆园小吏，又说楚王（可能是威王）曾派人请他来，把国家大事托付给他（就是让他做令尹——相），但他认为官场污浊而又危险，他不愿为追求富贵而失去自己的自由、纯洁与生命，从而毫不犹豫地拒绝了。这件事因为在《庄子·秋水》篇中也有记载，司马迁的叙述可能就是据此而来，但因为《庄子》中的故事往往只是他为了说明道理与思想编撰出来的寓言，所以，这故事本身未必可信。但这故事很美，即使不是客观的历史事实，也是庄子的主观事实——是他的心灵事实。

　　庄子钓于濮水。楚王使大夫二人往先焉。

曰："愿以境内累矣。"

　　先秦诸子，孔（子）、孟（子）、荀（子）、韩（非子），
人人想从政，想做官。"一朝权在手，便把令来行"，"在
其位，谋其政"，"君子之仕，行其义也"。谁不想通过
世俗的权力来杠杆天下，实现自己的乌托邦之梦？但他
们似乎都没有庄子这样的好机会——楚威王要把境内的
国事交给他了。大概楚威王也知道庄子的脾气，所以用
了一个"累"字，只是庄子要不要这种"累"？多少人
在这种累赘中体味到权力给人的充实感、成就感？这是
生命中不能承受之"重"。

　　一生追名逐利最后几乎身败名裂的培根，曾经深有
体会地说，身居高位的人是三重的仆役：君主或国家的
仆役、名声的仆役、事业的仆役。真是不堪重负之累。
庄子更知道，无论是贪夫殉财，还是烈士殉名，夸者死
权，都既不明智，又不道德。庄子的机会来时，庄子的
心已冷了——要知道，庄子此时是真心真意地在钓鱼，
且毫无诗意，更不哲学——我们知道他经常处在困窘之
中，"槁项黄馘"（脖子干槁而皱，面皮削瘦而黄）的外

貌显示他严重营养不足。他真的需要一条鱼来充实他的
辘辘饥肠。庄子此时面临着这样的选择：前面是清波粼
粼的濮水以及水中从容不迫的游鱼，背后则是楚国的相
位——两者巨大的差距使这道选择题看起来十分容易。

　　庄子持竿不顾。

　　好一个"不顾"！濮水的清波吸引了他，他无暇回
头看身后的权势。他那么不经意地推掉了在俗人看来千
载难逢的发达机遇。他把这看成了无聊的打扰。他只问
了两位衣着锦绣的大夫一个似乎毫不相关的问题：楚国
水田里的乌龟，它们是愿意到楚王那里，让楚王用精致
的竹箱装着它，用丝绸的巾饰覆盖它，珍藏在宗庙里，
用死来换取"留骨而贵"呢，还是愿意拖着尾巴在泥水
里自由自在地活着呢？二位大夫此时倒很有一点正常人
的心智，回答说：宁愿拖着尾巴在泥水中活着。
　　显然，庄子所处的环境比起培根的环境凶险得多。
培根毕竟处于贵族时代，王权还不能生杀予夺无法无
天，而庄子时代的那些"昏君乱相"（这是庄子给他们
的道德评语），是什么事都干得出来的，杀人对他们而

言已是一种"嗜好"——这是庄子同时代的孟子对他们趣味爱好的鉴定。

　　　庄子曰："往矣，吾将曳尾于涂中。"

　　你们走吧！我也是这样选择的。庄子做出了完全出乎人们意料的选择！而正因为这个选择，他获得了高分。我前面说过，这个故事即便不是客观的历史事实，至少是庄子的心灵事实。它体现了庄子超凡绝俗的大智慧中生长出来的清洁的精神，又由这种清洁的精神滋养出拒绝诱惑的惊人内力。我很高兴能看到在中国古代文人中有这样一个拒绝权势媒聘，坚决不合作的例子。庄子的这种坚持，可以让我们知道精神可以达到的高度，让我们知道，精神是有贞操的。是的，庄子的行为，使我们一代代的"学而优则仕"的读书人，在取得世俗的成功的同时，内心里总存有隐秘不宣的羞耻感。正是这种羞耻感，使我们即使堕落，也尚存反省。

　　在一个文化屈从权势的文化传统中，庄子是一棵孤独的树，是一棵孤独地在深夜看守心灵月亮的树。当我们都在大黑夜里昧昧昏睡时，月亮为什么没有丢失？就是因为有了这样一两棵在清风夜唳中独自看守月亮的树。

在僻处自说自话

庄子的生平扑朔迷离，又行踪不定，我们可以对孔子的行踪了如指掌，孟子、韩子也一样，我们知道他们在哪里求学，然后又在哪里求用，我们知道去什么地方找他们或等他们。但对庄子，我们只有张皇四顾，不知道他从哪里来，又到哪里去了。从江湖上传来的他的消息总是云遮雾障。同时他又表情丰富而角色多变：一会儿是尖锐无比的人生解剖师，一会儿又是沉湎往事的诗人；一会儿是濮水上的泛舟者、闲钓者，一会儿又是土屋前困坐无聊的穷汉。有时他去远游，有时他又安坐家中洋洋洒洒地记录着他的思想——我们确实无法界定他的形象，他太丰富、太浪漫、太抒情、太不拘一格，或者说有时他太出格。但对庄子的为人及思想，我们还是能得到相当的了解，《庄子》

一书就是我们了解庄子的最好途径。

首先，庄子与其他诸子不同，其他人都热衷于都市、热衷于政治、热衷于同诸侯打交道，并寄希望于他们，希望他们能重用自己，并按照自己的想法去治国平天下。但庄子则是乡野之人，他一生好像不大去城市，不大与诸侯打交道，更多的时候，他"只在僻处自说"（朱熹语），而不是对诸侯说，或是找别人辩论、试锋芒。与此相关的就是他往往处在贫困之中，甚至弄得自己"槁项黄馘"，甚至织草鞋为生。以自己双手和体力劳动来维生，养活自己的脑力，在先秦可能仅他一位。墨子学派也进行体力劳动，甚至"以自苦为极"，但那是一种自我选择的生活方式，体力劳动于他们而言，体现一种观念或思想，是一种带有宗教性质的生活方式。不像庄子这样，纯是为了维持生活。

其二，他也是先秦诸子中唯一不对诸侯说话而对平常人说话的人。当别人都在对诸侯大谈政治，大谈"治人、治国"之道的时候，庄子则告诉我们如何自救与解脱，如何保持心灵的安宁与清净，如何在丑恶的世界中保持自己的自尊自爱，不为时势左右而无所适从，丧失本性，以及如何在"无逃乎天地之间"的险恶中"游刃有余"地养生，以尽天年。简单地说，其他诸子谈的大都是政治、伦理，而庄子谈的是人生，他的哲学是人生哲学。

　　由于庄子远离城市与政治，而关注的问题又与众不同，这就使得他与其他诸子很有"道不同不相与谋"的味道，他基本上不与他们交流。由于他大多数时间待在乡野，他与动物、植物打交道，比与人物打交道多，所以他作品中写到的动植物比他同时代的人多。他作品中固然写到不少人，但实有其人者不多，当代人更少，比如与他大致同时的孟子，他就提也不提，当然孟子也没提到他——可能双方都没听说过对方，或不了解对方关注与感兴趣的是什么东西，有什么见解，当然也就无从提起对方。他作品中的人或为古人、传说中人，或者干脆就是他自己杜撰出来的人名，其中不少人名直接就是一种概念的象征。其实呢，他作品中更多地写到的并写得比人还要生动有趣甚至更富于人性特征的是动物、植物。

濠梁之辩

　　庄子唯一的学问上的朋友是惠施。两人有不少争论，比如在《逍遥游》中，惠施就讽刺说庄子的言论大而无当，所以为人所弃；庄子反唇相讥，说惠子被茅塞堵心，不知天外有天，固执无知。这两人生前有猜疑，并不十分友好，惠子疑心庄子要抢他相位，庄子则刻薄地说惠子是视腐鼠为美餐的鸱鹰。显然我们看得出来，他俩的争论，与双方品行、为人、个人恩怨无关，而与对这个世界的态度、认识及认识方式有关。哲学史上有名的"濠梁之辩"就是在他俩之间发生的：

　　　　庄子惠子游于濠梁之上。庄子曰："鯈鱼出游从容，是鱼之乐也。"
　　　　惠子曰："子非鱼，安知鱼之乐？"
　　　　庄子曰："子非我，安知我不知鱼之乐？"
　　　　惠子曰："我非子，固不知子矣；子固非鱼也，子之不知鱼之乐，全矣。"

　　庄子曰："请循其本。子曰'汝安知鱼乐'
云者，既已知吾知之而问我，我知之濠上也。"
(《秋水》)

　　——庄子和惠子一道在濠水的桥上游玩。庄子说：
"鱼出游悠闲自在，这是鱼的快乐啊。"惠子说："你不
是鱼，怎么知道鱼的快乐？"庄子说："你不是我，怎
么知道我不知道鱼的快乐？"惠子说："我不是你，固
然不知道你；你本来也不是鱼，所以，你不知道鱼的快
乐，也是完全可以肯定的。"庄子说："请回到我们前面
的话来说。你刚才所说的'你怎么知道鱼的快乐'的话，
就是已经知道了我知道鱼的快乐而问我。而我则是在濠
水的桥上知道鱼的快乐的。"
　　在惠子的对比下，庄子的思维特征鲜明地凸显出来。
惠施现实，讲实证，恪守物我界限；而庄子玄想，讲悟
性，力主物我贯通。惠子的思维指向科学，而庄子的思
维则指向艺术。面对水里从容不迫的游鱼，心情愉快的
庄子显然发生了"移情"，把自己的情感体验投射到鱼上，
从而产生出"鱼乐"的感觉，并脱口而出。实际上，他
的"鲦鱼出游从容，是鱼之乐也"的感慨，既是说鱼之乐，

更是说自己的乐，这就是物我的贯通。此时惠子兜头一瓢冷水："子非鱼，安知鱼之乐？"确实太扫他的兴，也太煞此时的风景，所以庄子几乎是不假思索地以其人之矛攻其人之盾："子非我，安知我不知鱼之乐？"应该说，这一反击，虽然很情绪化，显得愤愤不平，但是很有效，他是用惠子的逻辑打败了惠子。但惠子也绝非等闲之辈，他坦然承认自己"不知子"，以退为进，因为只有承认这一点，才能维持自己的逻辑，这一丢卒保车的策略果然有效，因为"我非子，固不知子"，必然也推导出"子非鱼，子不知鱼"。双方辩至此时，应该说是惠子大获全胜，庄子此前的"以子之矛攻子之盾"的战术虽小有收获，但却正上了惠子的圈套，因为庄子"以子之矛"的时候，就已经承认惠子的前提：物我有界限，物我不相通。看来庄子要摆脱窘境，必须"顾左右而言他"。他重新回到惠子最初的问题"安知鱼之乐"，实际上，这句话是一个歧义句，可以有两种理解：Ａ．你是如何知道鱼的快乐的？（隐含着"鱼之乐"已为一客观事实，惠子只是在问庄子是如何了解到这个事实的。）Ｂ．你怎么知道鱼是快乐的？（意谓：你凭什么判断鱼是快乐的？鱼的快乐为一不确定项，需要证明。）Ａ项是对事实无疑问，而只是对方法方式发疑问，B项则是对事实本身发疑问。显然，惠子的本意是B，但庄子却利用句子本身的歧义，让自己脱身，所以他说："既已知吾知之而问我。"（你已经知道我是知道鱼的快乐的，却又来问我是为何知道的。）那么我告诉你，"吾知之濠上也"——我就是从这濠上知道的。

这一段辩论，既给我们展示了高层次思维的乐趣，又显示出两种不同思维方式、思想方式的特色，从而成为哲学史上有名的公案。

惠子死后，庄子十分悲伤，在惠子墓前唏嘘难禁，以"郢人失质"为喻，痛悼这位老对手。

激情与超脱

庄子的魅力与《庄子》文章的魅力淯然不可分。在中国古代作家中，人格的魅力与其文章风格的魅力融为一体，使我们分不清是因为爱其人才爱其文，还是因为爱其文才爱其人，但是两者皆可爱者不多，庄子是其中较早的一位，也是其中最著名的一位。庄子及其文章的魅力哪怕是反对庄子思想的人也不得不承认的。鲁迅先生对庄子文章的评价极高，说庄子文章"汪洋辟阖，仪态万方，晚周诸子之作，莫能先也"（《汉文学史纲要》）。是的，《庄子》的艺术成就，确实是先秦诸子散文中最高的。

　　庄子及《庄子》的魅力主要体现在他的激情与超脱，两者奇迹般地融合在一起。激情与超脱是两种有相反或对立、相互否定与消解特质的东西，一般人在激情与超脱之间只能取其一，并已显难得，像《孟子》就是以激情取胜，而《老子》则是以超脱见长。但庄子则能将两者熔铸而兼之。从超脱上讲，他藐视一切、漠视一切、嘲弄一切，高高在上俯视一切并对之嗤之以鼻，他对通行的社会价值弃之如草芥。但他同时却又充满激情地谈论一切，用诗性的语言描述一切，从而使这个世界栩栩如生，充满人性的光辉与温暖。也就是说，他一边判这个世界死刑，却又一边展示了这个世界无处不在的生机，到处都是蓬勃的生命与欲望，到处都洋溢着生之趣味。到处都有个性的表演、激情的展示，处处有深哀巨痛，处处有大喜极乐，处处有深仇大恨，处处是深情厚谊……

他了无牵挂，又一往情深。他对这个世界如水益深，如火益热，势不两立；却又如胶似漆，如鱼似水，难解难分。他能在极端的超脱与轻蔑时，表现出充沛的激情而无一丝的尖酸——庄子的内心充满了对这个世界的热爱。他在蔑视与摒弃这个世界的时候，已与这个世界做了长久的厮守，故而有了难以割舍的缠绵。他对这个世界，就像对待一个失去了昔日风采的恋人，既恼又怜且遮掩。他当众把一切都掷在脚下，作践给我们看，并遏止不住地冷笑；而当众人散去，他又收拾起这一切，把它们拥在胸前，独自失声痛哭。他的理智时刻像哲人那样的清醒，如蛇行草上，不粘不滞，寒气渗透而又敏锐无比；他的心灵又无时不像诗人那样沉醉，如鸽立檐间，不怨不怒，怜悯四溢而柔情万种。他不就是这样恣肆怪诞、汪洋浪漫吗？一路挥霍着他的天才、激情与痛苦，有谁的著作像他那样，纯是一片弥漫开去的天才、激情，甚至热血呢？

所以，别人写文章是为了哲学，为了政治，为了争辩，甚或为了富贵与名声，庄子写文章似乎只为了打发他的天才，打发一个天才谪居混乱流血的人间时的那种无聊漫长的时光。人间苦难的深重怜悯压迫着他，使他不得不对人间有所作为、有所贡献。他于学无所不窥，但真正令人无法望其项背的是他的汪洋才能。他把他那得之于造化的天才及痛苦转化为了汹涌而出的智慧。庄子的见解与其说是知识、哲理，毋宁说是智慧，是层出不穷的智慧。这是真正哲人的气质。

当庄子冷冷地打发了楚王的使者，他就从俗人的价值世界中掉转了头。他给出了与众不同的答案，然后掷笔而去。有人说，庄子到自然中去了，到江湖中去了。但若我们再细心一点，我们会发现，庄子的自然是神性的自然，而不是后来山水田园诗人们的人性的自然。他的自然，充满灵性、充满神性、充满诗性，超绝而神秘、清凉而温柔，它离俗人世界那么远，而离世界的核心那么近。用现代哲学的话说，他走近"存在"了。语言是"存在"的家。在庄子的语辞密林里，"存在"如同一只小鸟，在里面做巢。庄子用他的"无端崖之辞""荒唐之言""谬悠之说"，构筑着"存在"。这是一个天仙被贬谪到无聊混乱人间后对理念世界模糊记忆的追忆。他把头脑中模模糊糊、影影绰绰的理念世界幻象捕捉到文字中。这是在我们意料之外的另一个世界，这里云山苍苍、天风荡荡、处子绰约、婴儿无邪。在这里活动的都是一些"大有径庭，不近人情"的高人，这是一些身上的尘垢糟糠都能陶铸出尧舜的高人：

> 藐姑射之山，有神人居焉。肌肤若冰雪，绰约若处子。不食五谷，吸风饮露。乘云气，御飞龙，而游乎四海之外。……之人也，之德也，将磅礴万物以为一。……之人也，物莫之伤，大浸稽天而不溺；大旱金石流、土山焦而不热。(《逍遥游》)
>
> 圣人之生也天行，其死也物化。静而与阴同德，动而与阳同波。……无天灾，无物累，无人非，无鬼责。其生若浮，其死若休。……其寝不梦，其觉无忧。其神纯粹，其魂不罢（疲），虚无恬淡，乃合天德。(《刻意》)

"礼乐囚姬旦，诗书缚孔丘"，可能囚缚得住这些人吗？儒家的"圣人"是人伦之圣，庄子的"圣人"则是人格之圣。这是冲决一切束缚的人生，这是莫之夭阏的人格。这是一个无情的世界，又是一个大情大义的世界。这个世界那么无聊无奈，而生活于其中的人却那么富有激情与个性。有那么多鲜活的互相激发火花的思想，有那么多超凡脱俗却又激情满怀的人物。他们或击缶而歌，或凭几而嘘，或形为槁木，或心如死灰，而一旦死灰复燃，槁木逢春，却又那么热烈红火而欣欣向荣。有时，他们踌躇满志洋洋四顾，有时又或歌或哭不任其声；有时，南首而卧为高士，有时却又拊脾雀跃做顽童。"恢恢乎游刃有余"（《养生主》），却又能"不失其性命之情"（《骈拇》），"无不忘也"却"无不有也"，"澹然无极"却又"众美从之"（《刻意》）。他们如此远离我们，却又如此吸引我们！他们那么无情，却又那么富于激情；他们那么丑陋其形，却又那么美妙其神。他们对人间那么不屑，却又那么富于同情心，对人世间存有那么多的怜悯。"乘天地之正，御六气之辨，以游无穷"（《逍遥游》），何等从容。"天地与我并生，万物与我为一"（《齐物论》），又何等自信自大！

　　不仅是人物，动物、植物在《庄子》中一样充满人性的种种特点（无论缺点或优点）。人物既已如动物中的生"龙"活"虎"，动植物却又是活生生的"人"，高度人格化，令人无限景仰的大鹏，怒气冲冲地挡车的螳螂，自得其乐的斥鴳，在河中喝得肚皮溜圆的鼹鼠……是的，如果孔、孟、荀、韩等人的著作中多的是社会竞争或概念，充斥的是礼、仁、忠恕、君臣等等社会政治语汇的话，那么，庄子著作中多的就是这些自然意象，一派自然的天籁。如遍地野花，在晨风中摇曳多姿，仪态万方，神韵天成。

一而不党

在先秦，我认为主要有五种人格理想：墨子的苦行侠人格，赴汤蹈火，摩顶放踵，利天下而为之；杨朱的贵我人格，绝对自我，拔一毛而利天下，不为也；孟子的大丈夫人格，正义在胸，一毫不挫，浩然之气，一丝不挠；荀子的君子式人格，平和公正，循规蹈矩；再一种便是庄子式的人格了，独来独往，不吝去留，若垂天之云，悠悠往来聚散，在一种远离的姿态中显出格外的深情与洒脱。当庄子唱着"一而不党"的调子从我们身边掉臂而过时，我们不能不感到"于我心有戚戚焉"。他是在瓦解铁板一块、举手投足都强求一律的政治。孔子讲"己欲达而达人，己欲立而立人""己所不欲，勿施于人"，这里面包含着一个很重要的前提，那就是他认为人性是一致的，有共同的趋骛与规避，因而也就有一种大家共同接受的标准、原则来统一人们的追求和幸福感。于是"礼"就出现了，它既像它所许诺的那样，是对人群幸福的保障，也是对异端进行起诉和惩罚的根据。这便使得儒家文化有一种根深蒂固的专制意味。庄子呢？他对此冷笑，怎么能断定你厌恶的不正好是我希求的呢？怎么能断定你希求的不正好是我厌恶的呢？我与你既然是不同的个体，为什么不能有不同的个性与趣味呢？为什么不能有不同的思想与志向呢？凭什么一定要统一它们呢？统一它们到底是为了谁的利益呢？有足够的道德依据吗？天下有不易的人人喜爱的"正味""正色""正处"吗？在《齐物论》中，他证明的就是万物的差异性与不完美性，从而论证世间万物的平等并存关系，否定了儒家的"礼"。要知道，他谈"齐"，实际上是在鼓吹"畸"（不齐），他是在为所有的"畸"争取同等的即"齐"的权利。在他看来，任一个体都是自足的，无须外来的指点，更无须外来的削平统一。所以他倡天性，反人为，对所谓的"治"，无论是治人、治物、治天下，都反对。他的思想是专制政治与专制思想的死对头。如果儒家坚持要求个人削平个性，适应社会，认为完美的个性就是无我地奉献给社会，那么庄子则要求社会适应个人。他坚定不移地认为，假如一个社会是道德的、合理的、正义的，是生机勃勃的而不是僵死的，那么这个社会就必须尽可能地为个体提供自由与发展的条件。同样，个体能否感到自由与幸福，能否有充分的权力表明自己的思想与意愿而不受到暴虐，是这个社会存在的最终道德历史依据。他的这些天才的漫无王法的纲领使得宣布"溥天之下，莫非王土；率土之滨，莫非王臣"的专制君王大为气馁与不安，他的著作在很多时期都曾被列为禁书。现代学者胡文英这样说庄子：

　　庄子眼极冷，心肠极热。眼冷，故是非不管；心肠热，故感慨万端。虽知无用，而未能忘情，到底是热肠挂住，虽不能忘情，而终不下手，到底是冷眼看穿。

　　这是庄子自己的"哲学困境"。此时的庄子，徘徊两间，在内心的矛盾中作困兽之斗。他自己管不住自己，自己被自己纠缠而无计脱身，自己对自己无所适从、无可奈何。他有蛇的冷酷犀利，更有鸽子的温柔宽仁。对人世间的种种荒唐与罪恶，他自知不能用书生的秃笔来与之叫阵，只好冷眼相看，但终于耿耿而不能释怀，于是，随着诸侯们剑锋的残忍到极致，他的笔锋也就荒唐到极致；因着世界黑暗到了极致，他的态度也就偏激到极致。天下污浊，不能用庄重正派的语言与之对话，只好以谬悠之说、荒唐之言、无端崖之辞来与之周旋。他好像在和这个世界比谁更无赖、谁更无理、谁更无情、谁更无聊、谁更无所顾忌、谁更无所关爱。谁更赤条条来去无牵挂，从而谁更能破罐子破摔。只是，他的满纸荒唐言，实际上是一把辛酸泪！

　　诺瓦利斯说，哲学就是怀着永恒的乡愁寻找家园。庄子的哲学是这个诗意定义的最好例证。庄子也确实在时时眺望着故乡，计算着回归的日子。人间的生活对他而言，不过是逆旅，一次劳心竭虑而又伤心重重的旅行。这世界是多么的贫乏、混乱，既无逻辑又乏性灵，既不人道又不神圣呵！所以，当他的老妻死了时，他击缶而歌，送她回到"故乡"。现在，寄寓土屋的旅人只他一个了，他可能更加自由，但也更加无聊与落拓了。"而已反其真，而我犹为人猗"（你已返回故乡了，而我还要寄寓人形之内，在这人间羁旅呵）——这就是庄子对人间满怀倦意的流露。"予恶乎知说生之非惑邪！予恶乎知恶死之非弱丧而不知归者邪！"（我怎么能知道悦生不是一种迷惑呢？我怎么能知道恶死不是就像顽童离家不知归去一样呢！）他一生都浪迹在帝王们找不到他的江湖上，在流浪结束的时候，他走向了永恒，走进了我们代代血脉相传的记忆。是的，他大树长青、永垂不朽，而他的思想则正如他自己的话所说"薪尽火传，不知其尽"。

王者之剑

谁认识公孙鞅

写商鞅,《史记》的《商君列传》是重要材料。由于《商君书》中的文章未必尽是商鞅所作,研读《商君书》倒未必是研究那个秦国历史的改革家大悲剧人物商鞅了。所以,写商鞅不大好写,而《史记》中有关商鞅的事迹是个基础。

据司马迁说,商君是卫国公室庶出的公子,名鞅,姓公孙,叫公孙鞅,但由于生于卫国,又称卫鞅。后来因功被秦孝公封于商,才叫商鞅。公孙鞅从小喜好法术之学,在魏国相国公叔座家中担任中庶子。公叔座知道他有才能,还没来得及把他推荐给魏王就患了重病,且告不治。魏惠王来探望公叔座的病情时说:"你万一有所不幸,国家怎么办?"公叔座说:"我的中庶子公孙鞅,虽然年轻，却是个奇才，希望您能把国政交给他掌管。"
魏王听后默默不答。魏惠王将离去时，公叔座叫退左右
向魏王说："王如果不用公孙鞅，一定要杀掉他，莫让
他离开国境。"魏王答应后就走了。公叔座召见公孙鞅，
向他辞别说："王刚才问我谁可以担任相国，我推荐你，
从他的脸色看，他不会当回事。我以先忠君后爱臣的原
则向王说'如果不重用公孙鞅就应该杀掉他'。王答应我
了，你快走吧！否则就要被杀！"公孙鞅倒不在乎，他
说："王既不能听你的话来任用我，又怎会听你的话来杀
我呢？"就没有离开魏国。惠王回到宫中与左右的人说：
"公叔座大概是病糊涂了！真令人伤心，他竟要我把国
政交给公孙鞅掌管，这岂不是荒唐吗！"——他也正如
公孙鞅预料的那样，没杀公孙鞅。事实上，在他的心目
中，根本就没有这个人。除了已经死去的公叔座，这世
界还有谁认识公孙鞅？一个天才在寂寞中苦熬岁月，一
把宝剑在弃置中锈损。是的，他本是一把锋利的王者之
剑，可那捡起这把利剑的人在哪里？

　　商鞅的机会终于来了。秦孝公正在国内招求人才。
他落魄西行，却雄心勃勃。到秦国后，他求托孝公的宠
臣景监推荐他见了孝公。据司马迁的说法，孝公召见了

公孙鞅四次，前两次都十分失望与生气，以至于把推荐人景监也横加责备，直到第三次，孝公才能听进去一些；到了第四次，孝公听公孙鞅的话已经投入到不知不觉把膝盖跪到席子外面去了，以后一连谈了好几天也不知疲倦。据卫鞅自己的说法，前两次孝公不满意，是因为他对孝公谈的是为帝为王之道。第三次，卫鞅跟孝公谈的是"为霸"之道，这才略合孝公的心思。卫鞅对景监说："我向国君陈说帝王之道，并告诉他说这样功德可以与夏、商、周三代的盛世并论，但国君以为这样太遥远了，不能在生前就建立赫赫功业，不愿默默而沉闷地等待几百年才成就什么帝王之道，我只好跟他谈强国之术，他很高兴。但可惜，这样也就难以与夏、商、周的德治相比了。"

司马迁叙述的这个故事有些让人糊涂。因为，就商鞅本人后来的行事风格、为人风格以及施政风格来说，他是一个彻头彻尾的法术之士。并且，他不可能认识不到秦国政治的法家传统以及秦孝公本人的个人性格。在求一见尚且难得的情况下（不然他也不会去求景监引见，要知道作为一个士，让一个阉人引见是很失身份的事，他也因此受到很多责难，无论生前还是死后），他竟然敢于冒险第一次说帝道，第二次说王道，以至于让孝公对他很是反感与失望，以至责骂引见者景监，到第三次才谈孝公感兴趣的"霸道"，司马迁在后面的"太史公曰"里说，作为一个天资刻薄之人，他一开始对孝公所说的什么"帝王之道"，乃是"挟持浮说，非其质矣"。但我想，以商君的聪明，他不至于在此前不研究孝公的心思与性格，他不需要以什么"帝王之道"来为自己遮掩。他与孝公一样急功近利、一样才大于德、一样不择手段以求一逞，他们完全可以一见面就打开天窗说亮话。

总之，这是一个让人颇费思量的故事。

内刻刀锯之刑

关于商鞅的另一个很著名的故事可以见出这位"法术之士"行事的机智与权诈。当他已将改革法令拟就还未公布之时，他为了取信于民，为了使人民相信言出必行，就在国都南门竖起一根三丈高的木头，下令曰：能搬到北门的人赏十金。莫名其妙的事与出奇厚重的赏金本来就是要使得人人生疑。他的目的实现了，没人敢走上前来。大家一来觉得奇怪，一来也怕是什么陷阱。商鞅的这个行动倒是很好地检验出了秦国人民对政府的信任度。见没人来搬木头——这也是商鞅预料之中的事，他便把赏金提高到五十金。大家只会愈加奇怪，但终于有一个人——这人往往是平时最二愣的角色，要不就是商君安排的托儿——把木头搬到了北门，大家当然都会跟着去看结果。令那些人大跌眼镜的是——那时没眼镜可跌——那就跌足——他真的拿到了五十金的赏金。商鞅用这古怪的行为，表明了他这一届政府的新形象，有令必行，令行禁止。

他的这个计策与赵高的"指鹿为马"，事虽不同，创意上都属一流。都是无中生有，凭空而造，摒除道德上的评价，若仅从智谋上看，都令人佩服。

这是赏，还有罚。赏与罚是法术之士的两手：两手都抓，两手都硬。

法令推行一年之后，来到国都找有关部门（据《盐铁论》中的"文学"〈儒生〉们说，是找秦孝公哭诉）控诉新法不方便的百姓数以千计。恰好，太子也触犯了新法，商鞅找到了"杀猴给鸡看"的"猴"，他要依法惩处太子。太子作为储君，不能受罚，便惩罚太子的傅公子虔、太子的师公孙贾，在他们的脸上刺字。第二天，秦人就都趋附于新令了。大约在 14 年之后，公子虔又违反了法令，被割去了鼻子（劓刑）。《盐铁论》中的"文学"们又说，他这样做是"刑公族以立威"。

当然，他不会仅仅"刑公族"，小民更是他暴虐的对象。10 年以后，那些当初觉得新法不便的人，尝到了新法的好处，又来诉说新法的种种是处。商鞅说："这些都是扰乱教化的人。"于是全部把他们迁到边疆——他是不容许百姓议论政治的。而他的刑罚，更是密而酷：

> 步过六尺者罚，弃灰于道者被刑。一日临渭而论囚七百余人，渭水尽赤。号哭之声动于天地。畜怨积仇，比于丘山。（《新序》、《史记·商君列传》集解引）

以至于弄得"老母号泣，怨女叹息"，从而导致"人与之为怨，家与之为仇"（《盐铁论·非鞅》）。

外深铁钺之诛

对外，商鞅同样也不手软。与"内刻刀锯之刑"相应的，是"外深铁钺之诛"（《新序》、《史记·商君列传》集解引）。本来战国也就是以战立国，自春秋以来大家一直"相砍"，已成为游戏规则，但商鞅的对外攻伐尤为人痛恨乃是他的欺诈行为。本来，欺诈在用兵上也已成大家共识，自孙子以来，"兵者，诡道也""兵不厌诈"，已为大家接受，但商鞅之诈仍为人所痛诟，因为他所诈者，是其故国，是其故人。所以，《盐铁论》中的"文学"们，即把"欺旧交以为功"与"刑公族以立威"并列，把它作为商鞅的不德不义的两件典型例证。

这个"欺旧交以为功"的事大约是这样的：公元前352年，孝公任用卫鞅为大良造，由他率领秦兵围攻魏国的安邑城，魏兵降服。公元前341年，齐国在马陵打败魏国，俘虏魏国的太子申，杀死魏国的将军庞涓。于是，第二年，即公元前340年，卫鞅劝孝公说："秦国与魏国，就像人患有腹心的疾病，非除去不可。不是魏国兼并秦国，就是秦国兼并魏国，现在以君的贤圣，使秦国强盛了，而魏国在去年被齐国打得大败，诸侯都背叛它，我们可趁这时讨伐魏国。魏国抵抗不了秦国，必向东退缩，魏国东迁，秦国便可占据黄河、崤山险固的地势，向东控制诸侯，这是帝王的大业！"孝公就派卫鞅率兵攻打魏国，魏国派公子卬率军反击，而公子卬是商鞅在卫国时的好朋友。两军相持对峙，卫鞅送信给魏将公子卬说："我以前与公子友好，现在各为两国的大将，实不忍互相攻打，可以与公子相见，订立盟约，痛痛快快地饮酒，然后退兵，以使秦魏两国安全。"魏公子卬也觉得这样很好，便赶来赴会。盟约仪式完毕，在饮酒时，卫鞅所埋伏的武士突然袭击，俘虏魏公子卬，并趁势进攻魏军，彻底消灭了魏军。卫鞅击破魏军回国，秦国封给他商、於两地15个都邑，封号为商君，从此卫鞅、公孙鞅都不叫了，叫商鞅。

郭沫若曾就此感慨道："虽然是兵不厌诈，人各为主，但那样的出卖朋友，出卖故国，实在是可以令人惊愕的事。"但正如马丁·布伯所言，一个人是什么，就看他把自己当成别人的什么，当商鞅出卖一切的时候，一切也就出卖了他。善有善报，恶有恶报，不是不报，时候未到。我们等着吧。

实际上，商鞅此时已成了国内与国外的"公敌"，"无恩于百姓，无信于诸侯，人与之为怨，家与之为仇"（《盐铁论·非鞅》）。人们对他又恨又怕——恨的是他的残暴奸诈，怕的则是他所依恃并掌握的强大的国家机器。他的一切理论与实践都是为了加强这个国家机器，使之对内能"胜民"，对外"能攻"，这种行为的伟大借口是强国。是的，在那个时代让国家强大能攻，在列国纷争中占优势，得到更大的所谓"国家"利益，甚至吞并他国，似乎是最大的国家道德。但其实，还有一个潜在的目的——无论是主观的还是客观的，就是这种"强国"的行为实际上也就是使独裁者所能掌握的国家机器愈加强大，从而对内更有镇压力，对外更有侵略力。这种所谓"国家利益"与人民毫不相干。在秦国日益强大，且在对外战争频频得手时，秦国人民得到了什么？他们得到的是商鞅式的严刑峻法。陈胜在大泽乡揭竿而起时，一声"天下苦秦久矣"，就得到了"天下赢粮而景从"（天下人挑着粮食像影子一样跟着他。——贾谊《过秦论》）的响应，因为这一声是天下蓄积已久的愤怒，是苦大仇深的总爆发。但我们更要知道，秦国的百姓为秦所苦更久，关中人支持刘邦，即是证明。

　　所以在这种情形下，所谓的国家，行政意义上的国家，其道德根基极其可疑。因为它已与掌握它的暴君或暴徒成为一个整体，它的目的已不是为了"国家"中的人民——它的功能已经成为暴君或暴徒的施暴工具——无论对内还是对外。所以无论从哪方面讲，这种行政意义上的国家，其"主权"都是可以怀疑的。因为，我们若对这样的"主权"予以绝对的尊重，那就意味着对暴徒暴行——至少是对内镇压暴行的绝对尊重，一个国家有这样的"主权"吗？

有功无德

　　法家人物都是"事功"的绝对崇拜者，商鞅在这方面是一个典型。为了"事功"，他不择手段，甚至不惜以身殉之。他当然不会计较什么仁义道德，什么友谊信誉。他意志坚定，理想执着，目光远大，行起事来雷厉风行，果断斩决，不计后果。他具备了一切改革家应当具备的优点，又有秦孝公自始至终不渝的信任，二十余年里放着手，放着心，让他这把锋锐的刀在秦国赢弱多疾的肌体上切割剜除。他果真就在这边鄙戎狄之地做出了一番大事业，让连续几代积贫积弱的秦国一跃而为诸侯列国的前茅，且矛头所向势如破竹，"诸侯敛衽，西面而向风"（桑弘羊），奠定了秦统一六国的政治体制基础、思想基础、军事基础。商君相秦十年后，《史记》记载是："秦民大悦，道不拾遗，山无盗贼，家给人足，民勇于公战，怯于私斗，乡邑大治。"但他能做大事，却只能做小人。处事练要、为人刻薄，他不惜以最小人的方式去追求自己的目标。以小人的方法去做大事，事成了，人却败了。可悲的是，他却没有私心，他对于生活中的享受等等并不热衷。他事业心极强，同情心趋零，他是那种典型的"单向度"的人，心无旁骛，目不斜视，如一架大马力的机器，隆隆地开过去，碾碎一切而毫不在意，甚至碾碎了自己也在所不惜，为了他那个强国梦，商鞅真是把一切都奉献出来了。《战国策·秦策三》记秦国后来的应侯范雎说商鞅：

> 事孝公，极身毋二，尽公不还私，信赏罚
> 以致治，竭智能，示情素，蒙怨咎，欺旧交，
> 虏魏公子印，卒为秦禽（擒）将破敌军，攘地
> 千里……

——事奉孝公，竭尽自己所能没有二心，一心为公而不顾私，使赏罚诚信而致国家大治；用尽自己的才智，表达自己的思想，不惜承受怨恨，欺骗故友，俘虏了魏国的公子印，最终帮秦国擒获敌将破败敌军，掠地千里……

商鞅真正是到了把良心都献出去的地步。为了秦国，他把自己的名誉、人格都丢弃不要了。但当他把"一切"丢掉时，"一切"也会抛弃他，让他成为孤家寡人。秦孝公死，那个被商鞅处罚过的太子即位成了新主宰，风声日紧，不祥的阴云越来越浓，已请求退休、蛰居自己封地的商鞅如芒刺在背、惶惶不安，便带着家属老母要回归魏国。魏人不接受，理由是："因为您竟然能出卖、欺骗您的老朋友公子印，我们无法知道您的人品。"更具讽刺意味的是，由于商鞅使秦国强大，各诸侯国还不敢得罪秦国，谁也不敢收留他，甚至不敢让他借

道。他逃回魏，魏不但不庇护他，甚至不允许他从魏国逃往他国，而是把他送回了秦。他只好带着他的为数寥寥的徒属北上击郑，做无望的困兽之斗。他大约想在秦以外自营一块容身之所，或者在郑打开一条通往他国的通道。但他注定没了生路，生路早被他自己堵死。他在秦已无立锥之地。那些官衔、封号，连同商於十五邑的封地，顷刻之间都灰飞烟灭。诸侯各国纷纷对他关起大门，如避瘟神。身后是被他割了鼻子，八年闭门不出的公子虔，对他咬牙切齿；眼前是四面竖起的墙壁，一片说"不"的声音，"所逃莫之隐，所归莫之容"（所逃之处没人帮他遮掩，所投之处没人容纳——《新序》）。天下之大，幅员之广，除了那几个暂时还没逃走的徒属，再无其他的朋友——他以前太无视朋友的价值，太践踏基本的为友之道了。当个人毫无自身的独立意志与独立操持，抛弃一切基本的道德信条而依附体制时，体制能给予你的，当然也可以拿走。一切自上而下的改革也往往免不了人亡政息的结局，聪明绝顶的商鞅难道真的不知道这一天终会到来？在他被车裂前五个月，赵良就警告过他——"秦王一旦捐宾客而不立朝，秦国之所以收君者，岂其微哉？亡可翘足而待。"——老秦王一旦伸腿死了，秦国以罪名来收捕你的，人数会少吗？你的死期简直就像举一下足那样很快到来！五个月后，可怜的、走投无路的、被全世界所抛弃的商君，被杀死在郑国的黾池，然后尸体又被残忍地车裂（此据《史记·商君列传》,《秦本纪》言似直接车裂）。咬牙切齿的复仇者们杀了商鞅全家，包括他白发苍苍的老母。到此时，商鞅又把自己的生命、全家族的生命奉献给秦国了。其罪名真是极具黑色幽默："莫如商君反者！"——一个把良心生命都献了出来的忠心耿耿的人，最后却得到了"反叛"的罪名！不知商鞅在"目睹"自己白发苍苍的老母血溅屠刀的时候，这个力倡大公无私的人，是何等样的想法？

　　杀害商君的人，在道德上与商君相比，毫无优势可言。他们是一帮小人、穷凶极恶的歹徒、国家的蛀虫和人民的剥削者。他们不忠君不爱国不敬业，更不用说爱民。他们只有自己，谁触及了他们的一丝一毫的利益，他们便会百倍地报复。而他们的才智与商君相比，则简直譬之抔土之于泰山，杯水之于沧海。他们注定是历史的绊脚石、是垃圾。商鞅扫除他们（相似的有吴起在楚国的行为，以及屈原想做而未能做的）是符合历史的必

然要求的。他们在商鞅掌权时受到的惩罚，不足以让我
们同情；他们在自己掌权后原形毕露的凶残与丑陋，更
让我们厌恶。

国家只要一种民

　　下面，我们对《商君书》作些了解。《商君书》并
不一定全是商君所作，高亨先生认为至少有五篇不是他
的，而郭沫若则认为除《境内》篇外，其余均非商君所
作。但这并不重要。重要的是，在中国有这样一种以商
君的名义加以提倡、传播，并成为历代统治阶级统治法
宝的政治理论，它实际上成为以"德政"为面目的中国
古代封建政治的最核心的内容和机密。《商君书》，二言
以蔽之，一曰壹民，二曰胜民。这是我读枯瘠、冷酷、
蛮不讲理的《商君书》后得出的结论。
　　壹民，据我的分析，有两层含义。一是，国家只要
一种"民"：耕战之民，平时耕田，战时攻敌。其他如"学

民"、"商民"、"技艺之民"(《农战》所列)、"士"、"以言说取食者"、"利民"(吃利润的人或投资者)(《去强》所列)等等,则统统是危害国家的"虱子",国家应制定政策,使他们无法生存,从而逼他们归入"农战"一途。二是,国民只做一件事:农战。农与战看似两件事,实则是一件事。民为体,农战为用,一体而二用。

> 入使民壹于农,出使民壹于战……(《算地》)

——在国内,让百姓全体统一于耕种,为国家生产粮食;对外,则使百姓统一于攻战,让他们为国家攻城略地。

> 民之所欲万,而利之所出一。(《说民》)

——百姓人民的欲望千差万别,而我们只让它们从一个渠道来达成,务农与作战。显然《商君书》中的"民",只是国家生产的工具和战争的工具,只有利用的价值,而没有被关心的意义。作为一个个体,在这样的社会里只是一个机器中无可奈何的部件而已，毫无自己的独立价值与尊严，个体幸福被当作不正当的欲求和国家集体的障碍物而被踏平碾碎。个人只是实现政府目标的手段与工具，不仅其精神存在被当作无用有害的东西而彻底抹杀，甚至肉体存在的合理性都要视他能否充当政府工具而定。所以在这种情形下，即使政府目标是所谓绝大多数人的根本利益与长远利益（好在商君从来没作这样的标榜，他考虑的是"国家利益"，他也只考虑"国家利益"。而所谓"国家利益"，在那时也就只是统治者，甚至最高统治者的利益。他是为秦孝公出谋划策的，他既不是对公众演讲，也无须对他们负责，无须博得他们的首肯），其与人类的根本福祉仍然是背道而驰的。

但没有个体幸福，只有秩序和政府意志的社会，它就是监狱或劳改营了。商鞅在秦国设立的监狱更绝：他不容许有人给罪犯送饭，说这样就能令人惧怕监狱而认真开垦农田（《垦令》）。我们在惊讶他斩尽杀绝的冷酷外，也能想到：一、不垦田，就要进监狱，政府的专断已使垦田不再是为民造福的事，而是使它一开始就成了人民生活中的可怕威胁。二、监狱中只有在没有饭吃的时候，才对监狱外的良民构成威慑，恰好证明了，商鞅治理下的秦国，与监狱的差别只在于有没有食物而已，秦国的社会只不过是有食物的监狱罢了（假如秦国的百姓能有食物吃的话）。良民和罪犯一样，都是没有自由的。

更严重的，是在一个独裁的社会里，政府目标的合理性是无法得到保证的，甚至大多数时候更只是一小撮人的意愿。所以，全民意志的高度统一使得全民都变成了智慧与道德上的聋子与瞎子，不仅不可能发现与纠正政府的错误，反而使这种被高度凝聚起来的力量成为非理性的力量，甚至变成了一种异己的怪兽；不仅每一个生存其中的个体被它吞噬，而且这种国家力量在"一致对外"的时候，还极可能使一个国家变成全人类的祸患。这种现象不仅在战国时代的秦国那里有充分的显示——秦国在先秦典籍中一般都被称为"虎狼之国"，读《商君书》中的《境内》篇，通篇都写着血淋淋的"斩首"。"不逐北，不擒二毛"的中原传统，在变法后的秦国，扫地以尽。据《史记》累计，秦在统一过程中斩杀的六国人数在 150 万以上。像白起这样极其残忍的人物也是秦的将军。可以说，秦国残忍地践踏了一些基本的人道原则——在今天的世界上，这样的国家也不乏其例。在一个缺乏人权的国家里，所谓"主权"，是否仅仅是专制的铁屋保护自身不受到外部打击的最好借口？

设若国家如《商君书》所云，极而言之，则最好的政治乃是刑律，最好的国家当是监狱。事实上，一个绝对一致的一元社会，就是一个不折不扣的大监狱，所有的人民都是劳改犯，在国家指令下劳作，在劳作中改造、苟生、创造国家财富、维持国家生存，而个体自身则只有义务，没有任何实质意义上的权利。所以，商鞅所治理下的秦国，固然具有极强的攻击力，在列国纷争中频频得手，但却毫无幸福可言。生活在这样的国家实在是极大的不幸。商鞅治秦，对外固然有"天子致胙，诸侯毕贺"（《史记》）之功，对内则不免"老母号泣，怨女叹息"（《盐铁论·非鞅》）。《商君书》中有一篇《徕民》，至少写在商鞅死后80多年，就写到三晋民众多而土地匮乏，秦地人民少而土地有余，为什么三晋之民不到秦国来呢？就是因为"秦士戚而民苦也"。所以，虽然——

　　三晋不胜秦，四世矣……小大之战，三晋
之所亡于秦者，不可胜数也，若此而不服。秦能取其地，而不能夺其民也。

——三晋（赵、魏、韩）不能战胜秦国，已经四世了……大大小小的战争中，三晋被秦掠夺的财富，也不可胜数。但即使像这样，三晋的人民仍然不屈服秦国。秦国可以凭武力掠夺三晋的土地，却不能得到三晋人民的民心。

最后，这个为秦国上下一致憎恨的商鞅，"惠王车裂之，而秦人不怜"（《战国策·秦策一》）。虽然他的政策为秦国带来了土地疆域（攻掠他国所得），为秦积累了大量战备物资与粮食库存（剥夺人民所得），还为秦铸造了攻无不克、战无不胜的强大军队，但秦人没有人感谢他，大家一致憎恨他！

消灭私人空间

"壹民"还有一个严重后果，当然这正是专制论者、国家主义者所追求的目标，那就是消灭私人空间，造成一个透明的社会。每个人都处在国家和他人的严密监视之下。商鞅搞户籍制度，置什伍之制，行连坐之法，倡告发之风。让居民们互相纠察、互相监视。告发奸人，予以重赏；不告发奸人，加以重罚。什伍之内，一人有罪，他人连带有罪。人民在战争中不勇敢，本人处死，父母、兄弟、妻子连坐。有告发官吏为奸的，可以承袭所告之官的职位。甚至——

　　　　至治，夫妻交友不能相为弃恶盖非，而不
　　害于亲，民人不能相为隐。(《禁使》)

　　连夫妻朋友都不能相互放任掩盖而是要相互告发，不为亲情所动，真是透明极了的社会。《画策》一文中给我们描写出了透明社会的图景，这段文字精练至极，不忍遗漏，全引于下：

　　　　所谓明者，无所不见。则群臣不敢为奸，
　　百姓不敢为非。是以人主处匡床之上，听丝竹
　　之声，而天下治。所谓明者，使众不得不为。

> 所谓强者，胜天下。胜天下，是故合力。是以勇强不敢为暴，圣知不敢为诈，而虑用。兼天下之众，莫敢不为其所好，而避其所恶。所谓强者，使勇力不得不为己用。

——所谓明察，就是无所不见，这样群臣就不敢为奸，百姓就不敢为非。国君坐在高椅之上，听着丝竹的音乐，而天下自然就井井有条了。所谓明察，就是让人民不得不干（国君要他们干的）事。所谓国君的强干，就是战胜天下人。战胜天下人，就能集中天下人的力量。因而勇猛的人不敢做横暴反叛的事，智慧的人不敢做欺诈不忠的事，他们会整天思考着怎样为君主效力。天下所有的人，没有人敢不做国君喜欢的事，也没有人敢做国君不喜欢的事。所谓强大，就是使勇而有力的人不得不效忠自己。

　　这是一个何等可怕的情景？暴君踞坐在交椅之上，在天下的中央枢纽，如同盘踞在蛛网中心的巨型毒蛛，任何一点轻微微的信息都会被他敏锐地捕捉到，然后作准确的扑杀。社会的透明、私人空间的挤兑，其最终目的就是控制人，使人"不敢为非"又"不得不为"国君

（往往借国家、民族、集体的名义）所要求的事。是要以一人或一个集团胜天下，占用天下一切聪明、才智、勇力。"不敢为"是对自由的禁止；"不得不为"，则是连沉默的权利也要剥夺。"不敢为"和"不得不为"最透彻地说出了专制政治对人的全面剥夺！

收拾弱者的手段

《商君书》的第二个思想，就是"胜民"。商鞅是一个追求国强能攻的人，他对人民的幸福并不在意。他不知有何根据，认为国与民不可兼强，国与民如跷跷板，一上必有一下；又如矛与盾，要让国的矛无坚不摧，民的盾必须弱不禁风。于是，为了强国，他提倡要弱民，即国家通过削弱人民，而战胜人民，使人民成为奴仆，受其奴役。《画策》篇这样说：

> 昔之能制天下者，必先制其民者也；能

先胜敌者，必先胜其民者也。故胜民之本在制
民，若冶于金，陶于土也。

这种赤裸裸的制民理论，确实令人不寒而栗。

《商君书》既倡胜民，必先制民，当然就会设计出"制
民"之良方。我细细研读，发现他的"制民"手段——
也就是鲁迅先生一针见血地指出过的"收拾弱者的手
段"——约略有五。

"制民"之手段一：以弱去强，以奸驭良，实行流
氓政治、小人政治。

直接鼓吹以弱民去消灭强民，以便留下弱民，甚至
用奸民去驾驭良民，这实在令人惊愕。不读《商君书》，
绝想不到世界上还有这种混账理论。

以强去强者弱，以弱去强者强。(《去强》)

这个句子原封不动地在《商君书》中两次出现(《去
强》和《弱民》)，应该是作者很得意的政治格言吧？至
少是他发明的专制政治的要诀。为什么"以强去强者
弱"？因为用强民来除去另一部分强民，剩下的还是强

民，政治和政府要面对的还是不大容易对付的强民，政府就相对显得弱了。所以不如直接用弱民来除去一切强民，剩下的自然都是侏儒之群，对付起来就游刃有余。中国几千年的封建专制，杀豪强，搞优汰劣胜、愚民、弱民，正是《商君书》的最好注脚。比"以弱去强"更可怕、更丑恶、更暗无天日的，是《商君书》竟然提出要"以奸民治"：

> 国以善民治奸民者，必乱，至削；国以奸民治善民者，必治，至强。(《去强》)
> 以良民治，必乱至削；以奸民治，必治至强。(《说民》)

《商君书》的这种办法大概是想在基层建立流氓政治（注意，由于他的这些主张实在匪夷所思，与我们心目中的一般道德信念太过违拗，所以我们不大能明了他的心思与心理，往往只能是猜测）。基层的流氓和中层及上层的小人政治相辅相成（他所提倡的告发制度、袭位制度适足以形成小人政治），以流氓来压服基层人民，以小人的勾心斗角来实现互相的纠察。

专制政治必然产生大量的流氓和小人。反过来，流氓和小人充斥的社会又似乎证明了政治专制的合理性与必要性——流氓、地痞横行的地方，小人、奸佞猖獗的地方，人们往往渴望专制。这如同渴极了，人们不惜饮鸩。如果流氓、小人是狡兔，则专制政治就如同逐兔之犬。专制政治一面大喊大叫惩治流氓和小人，一面却又怂恿流氓和小人，并在自身的体制内不断滋生出数量更多的流氓和小人。是流氓和小人构成了专制政治的合法性基础，它们是互为因果的恶性循环。商鞅早就道破这两者之间的关系了——"以奸民治，则民亲制"。让奸民来治理人民，因为人民失望于奸民，所以就自然亲近"制"。制者，国家专制权力也！流氓、地痞对于中央朝廷而言，其作用就是为渊驱鱼、为丛驱雀！

"制民"之手段二："壹教"。也就是除了耕战，不承认一切价值。拥有农战以外的一切品质与能力，都"不可以"。你坚强吗？国家破败你；你锋利吗？国家挫折你。总之，你要在这个国家生存下去，国家已给你规定好了两条路：为它耕田，为它打仗。

"制民"之手段三：剥夺个人资本，赞成一个无恒产、无恒心的社会。《商君书》中有不少观点实在让人匪夷所思，比如下面的话：

> 治国能令贫者富，富者贫，则国多力，多
> 力者王。(《去强》)
>
> 治国之举，贵令贫者富，富者贫。贫者
> 富，富者贫，国强。(《说民》)

这真是奇怪之论。但他就是要这样反复折腾、无休止地折腾，从而使人民无复有安全之感，从而不得不依赖国家。单个的、无保障、无安全感的自耕农是封建专制的天然基石之一。因为这些自耕农需要朝廷来代表他们的利益，保护他们的食物，便不惜交出自由。"无恒产则无恒心"，这是孟子的发现，那么《商君书》的作者也就是要通过财产的"无恒"来实现人心的"无恒"。一群患得患失的人民，一群自感虚弱无力的人民，一群没有自信不能主宰自己的人民，又怎能不依附于国家、听命于国家，把自己的命运交给国家去摆布呢？不仅要剥夺人民的恒产，而且连带剥夺人民的自立能力，这样才能彻底解决问题：

　　谈说之士资在于口，处士资在于意，勇士资在于气，技艺之士资在于手，商贾之士资在于身。故天下一宅，而圜身资。民资重于身，而偏托势于外，挟重资，归偏家，尧舜之所难也，故汤武禁之，则功立而名成。（《算地》）

——说客的本钱在于嘴巴；隐士的本钱在于思想；勇士的本钱在于气力；手工业者的本钱在于两只手；商人的本钱在于一身。他们把天下看成自己的家，浑身都是本钱。他们把身上的本钱看得很重要，从而借此依托外国势力，带着这些本钱效力于私人门下。这样的人，尧舜也难以治好他们，所以汤武禁止他们，结果立功成名。

　　韩非说要剪断鸟的翅膀，才能使鸟驯服，让臣民不得不依恃国君的俸禄生活，臣民才会听话。这种思想，在《商君书》中已有了，而且比韩非说得更彻底，简直是要铲除人的一切谋生能力。如果天下人各有所资，当然不能辐辏而求食于君，君何得恃势而逞意？故专制之要务，在于剥夺人的经济来源，使万民除政府俸禄以外无所赖、无生机、无生趣，然后"坚者破，锐者挫"（《赏刑》），摧残天下之生气，摧残天下之民气，造成一个犬儒世界、奴才世界、邪媚世界！

"制民"之手段四：辱民、贫民、弱民。侮辱人民，使民贫穷，削弱人民，竟然成为国家政策。《弱民》云：

> 民，辱则贵爵，弱则尊官，贫则重赏。
> ……民有私荣，则贱列卑官，富则轻赏。
> 治民羞辱以刑。

为了使君主的爵、官、赏具有吸引力，就先用政策使人民辱、弱、贫。受辱了，就会希望通过政府和爵位来改变自己的处境；弱小了，就会依恃官吏的保护；贫穷了，就会看重政府的奖赏。人民有私人的光荣，就轻视爵位，卑视官职；人民富裕，就不能用赏来诱惑。所以，治理人民，要用刑罚来羞辱他们，他们才会在有战事的时候肯出力卖命。这是彻头彻尾的法西斯主义！

管仲论政治，要诀是"俗之所欲，因而予之，俗之所否，因而去之"（百姓所想要的，就给他；百姓所拒绝的，就革除掉）。《庄子》亦在《徐无鬼》中，借牧童之口谈治天下之道，说治天下人民如同牧马，把对马有害的东西去掉就行了。黄帝称之为"天师"。儒家亦有借民口知政之善败，"行善备败"之说。而《商君书》的作者，又是反其道而行之——

　　政作民之所恶，民弱。政作民之所乐，民强。民弱国强，民强国弱。（《弱民》）

　　政策必须专门与人民作对，建立人民所憎恶的东西，从而削弱人民，强大国家。《商君书》的作者，估计是有严重的心理病态。《商君书》的很多内容，简直可以看作是一个迫害狂的呓语。

　　"制民"之手段五：杀力。上面的几种方法都是通过遏制生机，毁灭生意来使"强民"不得出现，把"强民"扼杀在萌芽状态，而"杀力"则是对已经出现的"强民"进行肉体消灭。《商君书》的作者把"强民"看成是"毒"，是"虱"，一旦产生，必须输之于外：

　　能生不能杀，曰自攻之国，必削；能生能杀，曰攻敌之国，必强。（《去强》）

所谓"杀力"，就是要通过战争手段缓解内部张力，消灭国内强民；同时，还可以输毒于外，把这内部张力引到国外，把内部矛盾转化为外部矛盾，侵吞别国领土，真正是一举两得、一箭双雕。

作法自毙

大约在商鞅被杀的五个月前，商鞅和赵良之间有过一次很有意思的对话。司马迁在商鞅本传中用了几乎四分之一的篇幅记录了这次谈话。在这次谈话中，商鞅认为自己治理秦国有移风易俗之功，想把自己和穆公时代的五领大夫比。而赵良则从商鞅所作所为的六个方面对商鞅进行了批评。这六个方面是："非所以为名""非所以为功""积怨蓄祸""非所以为教""非所以为寿""非所以得人"，几乎对商鞅改革的政绩一笔抹杀。在秦汉之际，对商鞅的评价也是当时史学界、政治界的一个热门话题，在他之后的学者，如荀子、韩非子、李斯，都谈过他,《吕氏春秋》《战国策》《史记》记载着他的事迹,《淮南子》《新序》《汉书》也评述了他。在公元前81年汉中央政府召开的盐铁会议上,对商鞅的评价问题成为一个热点和焦点,在其后整理的会议记录《盐铁论》中,有专门的一篇《非鞅篇》,记录了桑弘羊(时任御史大夫)和"文学"对商鞅的不同评价。赞之者谓功高百代,贬之者谓遗臭万年。客观地说,商鞅的改革对于秦之强大能攻,确实有非常之功。但他的过也许更大。正如"文学"们所说的,我们不能"知其为秦开帝业,不知其为秦致亡道"(《盐铁论·非鞅》)。

对商君的肯定评价,往往集中在对他经济与军事上的成功,而对他的否定评价,则又集中在对他的严刑峻法苛刻下民上。连司马迁这样的大家也无法调和二者。所以一边称赞商君变革使"秦民大悦,道不拾遗,山无盗贼,家给人足",一边又在传后的"太史公曰"中说商鞅是"天资刻薄人也",说他"少恩"。作为一个让秦国迅速强大的改革家,商君为何竟成了人民公敌,而秦国在统一六国后又顷刻土崩瓦解,这其中的消息确实值得玩味。一个人也好,一种体制也好,不管在经济或军事上暂时取得什么成绩,只要他(或它)苛刻下民,不给人自由，否定人的尊严，用马克思的话说"践踏人，不把人当人"，那他（或它）就只能是人民的公敌。秦的崛起与崩溃说明了这一点，人民并不像某些专制论者所想象的那样，只要面包，不要自由，没有自尊。人争取自由、自尊的冲动乃是天赋予人的本能，自由与尊严也是天赋予人的基本权利，谁剥夺这些，谁就注定要被推翻，哪怕他（或它）强大一时！

司马迁在《商君列传》中，记载了一个极有寓意的细节：

> 秦孝公卒，太子立，公子虔之徒告商君欲反，发吏捕商君。商君亡至关下，欲舍客舍。客舍人不知其是商君也，曰："商君之法，舍人无验者坐之。"商君喟然叹曰："嗟乎！为法之敝一至此哉！"

真是三十年河东，三十年河西。以前砸向异端的石头落到了自己的脚上，区别只在于时势。商君此时尝到了没有私人空间的透明社会的滋味，专制之人死在自造的专制枷锁中。

《盐铁论·非鞅》说：

> 故孝公卒之日，举国而攻之，东西南北莫可奔走，仰天而叹："嗟乎！为政之弊至于斯极也！"卒车裂族夷，为天下笑。斯人自杀，非人杀之也。

"举国攻之"，一国弃之矣，"东西南北莫可奔走"，四方列国弃之矣，"为天下笑"，则天下古今共弃之矣。天下何大？商君无立足之地；商君何小？天下无容身之处。厚地高天，商君竟上无片瓦、下无立锥之地。他当初可恨、可恶、可耻，今天可悲、可怜、可叹。天不可欺，民不可虐。一切祸福，自作自受，斯人自杀，非人杀之！

哲学乡愿

身份意识

我们知道，知识分子们的身份问题一直是一个重要问题。这不仅关系到社会对知识分子的态度——比如，"文革"中知识分子被定性为小资产阶级，他们的悲惨命运就此开始，而他们命运的改变，又由于"文革"结束后，中共中央把知识分子定性为"工人阶级的一部分"，从此才由"鬼"变成人，才有了今天的人五人六。同时，身份也决定了身份意识，不同的身份意识，决定了知识分子对自己使命的不同理解。比如大学教授，都会把自己的教学科研理解为：教学——教书育人，做德育教授；科研——政府项目的承担者。那么多知识分子嗷嗷待项目、争项目，争到了项目就争到了地位、资历、名气和金钱——当然，也争到了为党和国家作贡献的机会。总之，在今天，可能只有极少数的寥落而张皇的知识分子，才有这样的身份意识：文化的传承者、科学的研究者、独立的社会批判者、道义的承担者、大众的请命者。在先秦，研究观察春秋、战国之际的儒家身份意识，也极有意义。从这个角度可以看出知识分子人格的变化和精神世界的变迁。

我们可以先简单比较一下。孔子是由没落贵族家庭流落到市井中去的，乃一个不谙世情心地一片天真的子弟。他有一种高贵得近乎淳朴的品性，有着贵族的爱好与教养，音乐、艺术、射、御、《书》、《诗》、《易》……他精神世界的高贵典雅与他物质世界的低贱贫乏形成了巨大的落差，而这落差恰恰是他强大精神势能的形成原因。据司马迁说，鲁国的权臣季氏曾设宴招待名士，少年孔子赶去赴宴，却被季氏的家臣阳虎拒斥。孔子显然在内心里仍自视甚高，而外面的世界对他及其家族的地位已是颇为蔑视。于是他不得不在市井中厮混，从而对下层人民有了了解与同情，并在此基础上，创立了他的"仁者爱人"的仁学思想、大同思想。但他骨子里仍是日日盼望着回到他以前的圈子中去，所谓的"兴灭国，继绝世，举逸民"，与其说是他"克己复礼"主张的合理延伸，是他深思熟虑的政治主张，不如说是他自小形成的精神情结，是他那次宴会被逐后精神创伤的反映。他就是那个灭了国、绝了世而流落到民间的"逸民"。重返往日的地位，重新回到贵族的沙龙与餐桌边，是他的一片痴心在"妄想"。所以，他哭东周、哭周公，哭曾经郁郁乎文哉而如今又飘落殆尽的周文化，哭历史背弃的一切，哭他失去的一切。他所做的，是对前代文化的整理与保存，既是在收拾后事，又是托古改制。严肃恭敬，又满怀凄凉。他打开积满尘土的竹简，在几百年积累的文献中分类、编排、抄写、揣摩，一边叹息流泪，一边孜孜矻矻，忽而拍案惊奇，忽而仰天长叹。既是在做着一个大大的复辟梦，又是在传承一个伟大的文化。且以之为道德依据，批判现实，以仁义为己任，他就是这样的形象：在深夜，飙风四起，风声鹤唳，四野一片漆黑，他用他苍老的双手，小心地围拢一枚烛光，使它不致熄灭……

到了战国中期，从出身上讲，孟子也是没落贵族。但毕竟流浪既久，那种皈依的情怀早已随时光的流逝而消磨干净。那高堂老屋对他已相当陌生，并且没了亲切感与吸引力，他不是失败而被驱出的主人，他是来去绰绰自由的客人了。他所争的，也不再是那老身份、老地位、老房子，这些发着霉气的东西，他早已没了兴趣。他是那行空的天马，独来独往。与他同时代的庄子表现了与他同样的对自我身份的感觉，那种自由自在的感觉。庄子说"一而不党，命曰天放"，他们不是依附的阶层，他们只依天，不依人，不依体制。所以无论庄子，还是孟子，都特别喜欢谈"天"，庄子讲"天放""天年"，孟子自称"天民"，追求"天爵"。他们与旧贵族已判然而划出界限，既不属于上层的流裔、失势者，又不属于被人治的"治于人"者。庄子是"曳尾于涂"，而决不合作，孟子在齐国，只做客卿，"不治而议论"，除了"议论"，什么也不干，不愿成为官僚花名册中的在册人丁。孟子自诩为"王者师"，是来教导他们，教训他们走正道的。若是那些不肖的王们不配他的教导呢，他就满怀失望，也满怀轻蔑地转身走开，不吝去留。而庄子早就这样走开了。除了给诸侯们一些冷嘲热讽，他基本上不再理他们。他们是特立独行的大丈夫。这是吾中华民族人格史上最光辉的一段，是中国阳刚之气最充沛的一段。

再后来，便是荀子了。从恓恓惶惶的贵族没落少年到特立独行的大丈夫，到荀子竟突然蜕变为一个端庄明慧的淑女，循规蹈矩的君子。端庄明慧的淑女是做妻妾的好人选，循规蹈矩的君子是做臣子的好材料。如果孟子、庄子是举起大旗，在社会各色人群中另立山头，大叫替天行道；那么荀子则是"借得山东烟水寨，来买凤城春色"大叫招安，用宋江的话说是"要为朝廷出力"。荀子是知识分子人格堕落之始，即使这样，但他毕竟处于战国末世，那昂扬的士人精神尚未崩塌，他的精神中自有不可屈挠之气时时流露，然那堕落的病毒基因却已植入体内。显然，他希图在体制内为知识分子找到位置，找到归宿，这是流浪之后的复归。他不要独立，不要一而不党，恰恰相反，他要找到组织，找到同志，找到领导者，然后发挥自己的才干。

　　曷谓贤？明君臣，上能尊主下爱民。(《成相》其五)

　　辨治上下，贵贱有等明君臣。(《成相》二十五)

　　明于君臣之分，谨守臣道。臣道是什么呢？就是区分贵贱上下，以"礼"的秩序安顿天下，然后自己上尊君、下爱民，做一个忠心耿耿、勤于事务、忠于职守的幕僚。对了，"臣"就是他所代表的这一时代的知识分子的身份意识。

　　　　臣下职，莫游食，务本节用财无极。事业
　　听上，莫得相使一民力。(《成相》四十六)
　　　　守其职，足衣食。厚薄有等明爵服。利往
　　(唯)卬(仰)上，莫得擅与孰私得？(《成相》
　　四十七)

　　你看，他不要流浪了，不要游荡了，要有事业了，什么事业呢？听"上"的安排，仰"上"的照拂，生活上不要"游食"，精神上忠于一个主子，利唯仰上——一切生活来源仰仗主子的供给。这样，"守其职"的幕僚，也就可以得到赏赉，"丰衣足食"了，不需要也不允许去擅自搞一点"私得"。从对己看，自愿去做笼中鸟、池中鱼，这种人格与孟子、庄子的差别已太大；从对人看，荀子鼓吹从剥夺经济独立权着手，来剥夺知识人的思想独立、行为自由，从而逼他们成为附庸与御用。这种做法上承商鞅，下启韩非，是这恶之花藤上的关键一节。

既然已自己定位为臣，而又一切都仰仗于君，那么，如何讨君之欢心，使自己成为"贤臣"、有用之人，就是为臣者的基本修养与必修课程。为此他竟然还兜售"持宠处位终身不厌之术"，这实在是古典的厚黑学了：

> 主尊贵之则恭敬而僔，主信爱之则谨慎而嗛，主专任之则拘守而详，主安近之则慎比而不邪，主疏远之则全一而不倍，主损绌之则恐惧而不怨。贵而不为夸，信而不处谦，任重而不敢专。财利至则善而不及也，必将尽辞让之义然后受。福事至则和而理，祸事至则静而理。富则施广，贫则用节。可贵可贱也，可富可贫也，可杀而不可使为奸也。是持宠处位终身不厌之术也。(《仲尼》)

——主子尊重自己使自己富贵呢，就要又恭敬又逊退；主子信任宠爱自己呢，就要懂得谨慎和谦让；主子专任自己呢，就要又拘谨又周详（万不可张狂）；主子接近自己呢，就要恭敬顺从而不邪妄；主子疏远自己呢，就要忠贞纯一而不违背；主子斥退自己呢，就要满怀畏

惧而不能怨恨！地位高贵了，不能奢侈浮夸；受到信任
了，不能惹起嫌疑；权力很大时，不能擅自专权。财利
到来时，要觉得自己的善行还不足以获得，要先表示谦
让之意，然后才去接受。福事到来，要和悦地去处理；
祸事到来，要稳静地去处理。富了，要广泛布施；穷了，
要节约财用。可以处贵，可以处贱，可以处富，可以处
贫，可以被杀掉，而不可以做坏事。这便是保持尊宠、
守住官位，终身也不被废弃的方术！

这种乖囤囤的语气与人格，与孟子、庄子实有天壤
之别。谭嗣同《仁学》中说：

> 二千年来之政，秦政也，皆大盗也；二千
> 年来之学，荀学也，皆乡愿也。惟大盗利用乡
> 愿，惟乡愿工媚大盗。二者交相资，而罔不托
> 之于孔。

锐利的谭嗣同用"乡愿"来评价荀子学说的人格范
式，从上引的这一段看，确实是一针见血、入木三分。

"乡愿"与"妾妇"有共同的一点，即"顺"。"以
顺为正"，以"顺"作为他们的基本为人准则，不，为

臣准则。下面这段话，真是令人丧气——我是说丧失"士"气：

> 事人而不顺者，不疾者也；疾而不顺者，不敬者也；敬而不顺者，不忠者也；忠而不顺者，无功者也；有功而不顺者，无德者也。故无德之为道也，伤疾、堕功、灭苦，故君子不为也！（《臣道》）

——事奉君主却不顺从的人，是不敏捷的人；敏捷而不顺从的人，是不恭敬的人；恭敬而不顺从的人，是不忠的人；忠诚而不顺从的人，是不能成事功的人；能成事功而不顺从的人，是没有德行的人。所以无德之人的行为，伤害敏捷，堕坏功业，灭没勤苦，所以，君子不愿做！

这简直是一篇"顺"字赞！也是历代封建官僚们的"护官符"！我注意到，在荀子的观念中，举凡优秀品性，率有一"顺"字在。荀子式的"君子"，不仅没有了庄周式的超逸，更没有了孟子的浩然之气；不再是天马行空、"一而不党"的天放之士，更不是特立独行、正道直行的"大丈夫"，而是君之忠顺之臣，一切行为都是为了那个"君"：

> 从命而利君谓之顺，从命而不利君谓之谄；逆命而利君谓之忠，逆命而不利君谓之篡；不恤君之荣辱，不恤国之臧否，偷合苟容以持禄养交而已耳，谓之国贼。（《臣道》）

——听从命令而有利于君，叫作顺；听从命令而不利于君，叫作谄。违逆命令而有利于君叫作忠，违逆命令而不利于君叫作篡。不顾念君主的荣辱，不顾念国家的利弊，丧失原则、苟且相容以保持禄位、私结外交叫作国贼。

一切行为都以是否"利君"为判断标准！孔子的"颠沛必于是，造次必于是"的"仁"呢？"仁以为己任"（曾子）成了"君以为己任"；"君子之仕，行其义"（子路）成了"君子之仕，行其顺"。仁没了，义丢了，道隐了，只剩一个可怜兮兮弱智兮兮的"忠"了！荀子特别提倡"忠"，并且把这个"忠"狭义地定义为臣对君的忠。为了这个"忠"，他甚至提倡"进言于君，用则可，不用则死"(《臣道》)，士阶层的骨气，到了荀子，真是扫地以尽！

从道到器

要说荀子与他的前辈孔子、孟子的区别，还不仅是上面提到的身份意识、学问目的与人格精神。我曾在庄子那篇文章谈到，庄子是在江湖中的，而儒家是热衷于朝廷的。孔孟都热衷于和诸侯打交道，并在他们那里喋喋不休，但同在朝廷中，还是有区别的。孔孟是在向诸侯推荐"道"，如果"道不同"，就"不相为谋"；而荀子则是推荐"人"的，他希望的是诸侯们把儒家人才作为"器"来重用。所以，虽然我们看到他们都是在推销，但推销的东西不一样，打个比方，孔孟是推销治国"软件"的，荀子是推销毕业生的。

公正地说，鲁国的国君，包括孔子极反感、常常出言伤害的权臣季氏，对孔子还是很尊重的，也很想和他合作，但他们就是找不到和这个固执倔强的老头子沟通的途径，他们总是话不投机，道不同而不能相为谋。实际上，孔子在内心里，没有给他们当"属下"的意思，只想从他们那里得到一方用武之地或政治试验田。孟子也一样，齐宣王对他是极尊重、极用心笼络的；滕文公更是小心翼翼地听从他的教导，把一线希望寄托在他的指教上；连梁惠王这样粗鲁的人也都很真诚地向他请教过有关治国的问题。但孟子言必称尧舜，对他们的行为总是横加指责，他是想引导他们而不是顺遂他们，他老是拆他们的台，而不是补他们的台。显然，孔子也好，孟子也罢，他们与现实中的那些"罪人"（孟子把"五霸"称之为先王之"罪人"，而当今诸侯他又一律判决为"五霸"之"罪人"）——诸侯，实在不易沟通。在孔孟看来，他们都带着原罪呢，都带着严重的道德创伤和先天弱智呢，他们需要诸侯们的不是沟通，而是听话。就像病人对医生那样要配合，不要讳疾忌医。所以，孔孟对诸侯，哪有什么顺遂与"忠"？对"罪人"还谈什么"忠"？他们的职责，也只是督促诸侯改过，引导诸侯走正道。他们与诸侯之隔膜及不能合作，自在意料之中。若就对现实政治的参与来说，孔孟等人悬得太高，立论太苛，已使他们与诸侯失去了合作的基础。他们的分歧大于相同。这一点，孔子的弟子子贡就给孔子指出过，并希望孔子能稍微降低一点标准，以便寻找与诸侯合作的可能性："夫子之道至大也，故天下莫容夫子。夫子盖少贬焉？"（老师您的道太大了，所以天下没有哪一个君主能容受得下您。老师何不稍微降低迁就一些呢？——《史记·孔子世家》）。孟子的学生公孙丑也对孟子提出过类似的问题："道则高矣，美矣，宜若登天然，似不可及也。何不使彼为可几及而日孳孳也？"（先生的道确实高呵，美啊！正好像登天一样，似乎不可能赶上。为什么不使它变为有希望达到，而使人们一天一天地逐渐接近它呢？——《尽心上》）但孔子抱定只问耕耘不问收获的坚定，孟子抱定"引而不发"为天下式的倔强。他们都热衷于使自己的理论完美，以追踪所谓古代圣王的治迹，而不介意其与现实间的差距。孟子希望"中道而立，能者从之"。但假如没有人能跟从而来怎么办呢？那他们也就自甘于其理论的寂寞，而不愿使自己的理论贬低降值。在这种情形之下，他们的理论和兴趣，都集中在对现实的抱怨和批判上，至于能否与他们合作，这倒是次要的。这种倾向至荀子，为之一变——他关注的是用，是器，而不是道本身的完善。

　　据说在 80 岁左右（一说 50 岁左右）的时候，荀子打破"儒者不入秦"的传统，去秦国考察。实际上，他是在寻找理论与现实的契合点，寻找与开拓一个人才的市场。当然它的象征意义也许更大，它预示着儒家的仁政学说，将与专制统治联姻，已到慕少艾年龄的儒家学说，开始对帝王暗送秋波。在秦国，他拜访了实权人物应侯范雎，并大谈自己访问秦国的观感。他发现秦国官吏很守职责，很有纪律而廉洁，秦国的人民守法顺从。从他对秦国吏民的夸奖中，可见他的理想国实与商鞅的一致，他看到的就是商鞅施政后留下的秦国（以前，在《性恶》篇中，他可是大骂过秦地百姓不懂礼义的）。在秦国，他与秦昭王进行的对话更有意思，我正是从这次对话中发现他与孔孟之间的一个大不同的。这次对话，极似产品推销者与买主之间的讨价还价。秦昭王对儒家学派颇不以为然，他对荀子说："儒者对国家没有用处。"摆出一副拒绝的姿态。而他对儒者的这个印象，也正是孔孟之儒给人们的一般印象，但荀子之儒已大不一样了。我们记得孟子在见梁惠王时，梁惠王也猝然而问："老人家，你不远千里来到我这里，你的学说对我的国家有利吗？"孟子当即顶了回去："王何必曰利？——亦有仁义而已矣！"我这儿没有什么利与用处，我这儿只有仁义！这还不够吗？我是来指导你走正道的，可不是来推销贱卖的！孔子在卫灵公问"战阵之事"时，也拒绝回答。相比之下，荀子在秦昭王面前全没有孔孟的骨气与正气，他啰啰嗦嗦，自卖自夸，颇使人气短。他汲汲于阐明儒者之用，切切于表明投怀送抱之心。不论多么能言善辩，已是自处于被告之席为自己作有用无罪辩护，投他人所好，以博赏赉了。他说：

> 儒家法先王，隆仁义，谨乎臣子而致贵其上者也。人主用之，则势在本朝而宜；不用，则退编百姓而悫，必为顺下矣。……势在人上，则王公之材也；在人下，则社稷之臣，国君之宝也。（《儒效》）

——儒者，效法先王，尊崇礼义，谨守臣子的本分，是非常敬重他的主上的。主上录用他，就守职本朝，事事相宜；不用他，就退处乡里，恭恭谨谨，必定做一个顺从的百姓。……职位在别人之上，他就是辅佐王公的干材；职位在别人之下，他就是国家的能臣、君主的瑞宝。

多好的一块"宝贝"！严守臣道，尊崇君主，即便被遗弃，也做个顺顺遂遂的良民！孔子说"君子不器"，庄子是"王公大人不能器之"，孟子是无官守，无言责，来去绰绰有余裕，而荀子则屑屑于证明儒者是国君最顺手、最有用的"器"！

他在小心地寻找理论与现实的契合点，寻找学术与世俗政治合作的途径。为此，他不再自居王者之上，不再以道自任，而是甘心地去做一个忠实、勤勉、尽职尽责、呕心沥血的幕僚。他把兴趣与精力都放在具体问题的处理上，而把方向性的、价值取向性的大问题交给"君"去做决定了。臣民们只是去完成君主制定的长期或短期目标，目标由君主决定，方向由君主把握，蓝图由君主绘制，理想由君主确立。我们只是要无怨无悔地去完成这些目标，而这些目标是否合乎理性、合乎道德、合乎正义，则不在我们考虑之列。理论已不再是有关"理"的讨论，而变成了实施方案与细则，变成了政策的预案，道的沦丧自此拉开了序幕，士的沦丧也从此开始。当士放弃了思想，士即只能是工具性的存在。"君子不器"的时代已过去，现在是器的时代，是官的时代，"士"由文化传承者和现实批判者蜕变为世俗政权的支撑者，王之幕僚。士——后来叫士大夫，与世俗皇权共有天下的时代开始了，他们不再是约束与被约束者、监督与被监督者、批判与被批判者。不，他们是合作者，是王侯与将相，是主与仆，是主与奴。明朝的士死读程朱，就是要争取到朝廷上让朱元璋的子孙们打屁股。满清的学子们饱读诗书，就是要一朝中举，可以拖着长辫子在朝廷上自称奴才！

幕僚心志

是幕僚，就要一方面能把握大局，窥测方向，预测未来，有良好的规划与安排，适时地提出正确的政策和策略；一方面又要能委曲求全，坚韧不拔，忍让周曲，不论在什么情况下，坚持合作第一。我们通过比较孔子所怀念的周礼与荀子的"礼治"之"礼"，来看看荀子如何通过对一个文化概念的改造，来制定他的治国方案的。

礼，是黄河流域贫乏的农业社会的特殊政治现象。农业社会的特点是积累慢而损耗快，汉初四代（不计吕后）的积累也不敷汉武帝一代的损耗；唐代 150 年的积累也经不起一个"安史之乱"的折腾。开源既难，节流便尤显重要。且要在人群中保证一小部分人过得好，大多数人又能心安理得地承认这种现实，从而实现政治与社会的稳定，"礼"便是最便捷的手段。所以，它首先是一个政治现象，然后才是文化现象。在"礼坏乐崩"的时代，孔子讲的"礼"，是对一种古老政治秩序的回忆与怀念，是对一种古老文化景象的回忆与怀念，是保存与发扬古老道德传统的努力，他希望这古老的文化传统能继续发挥其社会整合的作用。孟子从辞让之心谈礼，他天真热情，对人类抱着善良的信心。他认为礼产生于人本性中的善，是一种先验的存在。它首先是一种心理现象，是自然的产物，然后才表现为普遍的社会文化现象。"辞让之心，礼之端也"，"礼"就是从这天生而就的"辞让之心"中产生的。显然，孟子心中有一"君子国"的理想在。孔孟的"礼"，都更主要地属于上层贵族政治生活中的规矩与私人生活中的礼让揖节。它的功能是使得人际的一般交往有规矩、有文化，一般事务有规则、有文明。而荀子，则从他的"人性本恶"出发，从"争夺之心"来谈礼，他从人欲（也就是"恶"）的角度来解释礼的产生：

> 礼起于何也？曰：人生而有欲，欲而不得，则不能无求，求而无度量分界，则不能不争。争则乱，乱则穷。先王恶其乱也，故制礼义以分之，以养人之欲，给人之求。使欲必不穷乎物，物必不屈于欲，两者相持而长，是礼之所起也。(《礼论》)

——礼是在什么情况下兴起的呢？回答说：人生下来就有欲望，欲望如果没满足，就不能不求取；求取如果没有分寸和界限，就不能不争夺；争夺就会混乱，混乱就会导致穷困。先王憎恶这种混乱，所以就制定了礼义来分别它，借以保养人的欲望，供应人的求取，使人们的欲望不被物质所穷窘，使物质不被欲望所压倒。这两者同步增长，这便是礼兴起的原因。

　　在这里，荀子实际上谈了两层关系，人与自然（物）的关系，人与人的关系。"物"是有限的，而人欲却是无限的，所以必须以"礼"来约束欲，使物与欲保持平衡，而不至于让欲淹没了物，"使欲必不穷乎物，物必不屈于欲，两者相持而长"。这里我们明显地看到贫乏的自然环境是礼所产生的首要原因。另一方面，物的有限，必然引起人的争夺。这人类内部的争斗会导致混乱与无秩序，混乱而无秩序必然会降低人与自然抗衡的能力，就会更加穷困。所以，礼的另一功能便是协调人与人之间的关系。孟子从辞让之心谈礼，属于道德的范畴，其对象乃是人的道德自觉自律，它最终产生的是义务思想；而荀子从争夺之心谈礼，则属于法的范畴，其对象乃是"度量分界"，它最终产生的是权利思想。显然，就"礼"之产生及其作用而言，荀子都比孟子更能抓住本质，他确实更科学。但他这样理解"礼"，并在法律的意义上来运用"礼"，就使得他的"礼"与孔孟的"礼"有了绝大的分别。孔孟的"礼"近于"义"，故常"礼义"并称；荀子的"礼"近于"法"，故往往"礼法"合一。

　　"礼"如何使人不争不夺，各安其分呢？荀子的"礼"的第一功能便是给人分等级：

　　夫两贵之不能相事，两贱之不能相使，是
天数也。……先王恶其乱也，故制礼义以分之，
使有贫富贵贱之等，足以相兼临者，是养天下
之本也。(《王制》)

　　两人地位相等，就不能互相役使，比如贵者不能去
侍奉贵者，贱者也不能去使唤贱者，这是天数。先王厌
恶这种混乱而无秩序的状态，就制定了礼义来人为地分
出贵贱贫富来，然后让他们互相制约。

　　说清了礼的产生与功用之后，作为君主治国的幕僚
助手，荀子就在"礼"的原则下，制定了他的治国方案。
比如在《礼论》中，讲丧礼，天子如何，诸侯如何，大
夫如何，士如何，庶人如何，从棺材的厚度到居丧的范
围，都一丝不苟，近乎于实施细则。荀子很耐烦，此时
他简直就是司仪。讲到社会人伦，他要"君君臣臣父父
子子兄兄弟弟夫夫妇妇"：

　　请问为人君。曰："以礼分施，均遍而不
偏。"
　　请问为人臣。曰："以礼待君，忠顺而

不懈。"

　　请问为人父。曰："宽惠而有礼。"

　　请问为人子。曰："敬爱而致文。"

　　请问为人兄。曰："慈爱而见友。"

　　请问为人弟。曰："敬诎而不苟。"

　　请问为人夫。曰："致功而不流，致临而有辨。"

　　请问为人妻。曰："夫有礼则柔从听侍，夫无礼则恐惧而自竦也。"（《君道》）

　　除此之外，还有"农农士士工工商商"，他也都一一划定他们的职分。"农以力尽田，贾以察尽财，百工以巧尽械器，士大夫以上至于公侯，莫不以仁厚知能尽官职。夫是之谓至平。"《王制》篇中，荀子不厌其烦地规定百官的职责权力与义务：司徒、司马、太师、司空、治田、虞师、乡师、工师、伛巫、治市、司寇、冢宰、辟公、天王，各负什么责，各有什么权。荀子果真是一位宰相之人！难怪刘向会说："为人君能用孙卿（即荀子），庶几于王。"《尧问》篇也说："今之学者，得孙卿之遗言余教，足以为天下法式表仪……天下不治，孙卿不遇时也。"荀子的"时",在秦汉以后。自秦至汉,自汉初至七国破灭,士人辐辏于中央政府,由特立独行的士完全御用为僚属,他的学问就成了这些士大夫的为官心诀。

人性恶

梁启雄在《荀子简释自叙》中说:"孟子言性善,荀子言性恶;孟子重义轻利,荀子重义不轻利;孟子专法先王,荀子兼法后王;孟子专尚王道,荀子兼尚霸道。"我还要补充几句:孟子讲道,荀子讲器;孟子在体制外讲道,荀子在体制内谈器;孟子讲民贵君轻,荀子讲君为邦本;孟子唯心,荀子唯物;孟子反战,荀子不反战;孟子倡辞让,荀子讲争夺;孟子讲义(务),荀子讲权(力);孟子以自由人身份谈士,荀子以王权附属者身份谈士……还有,就个人性情而言,孟子天真,荀子老成;孟子光明磊落,荀子颇有心机;孟子疾恶如仇,动辄拔刀相向，荀子视仇如险，往往敬而远之；孟子书生气重，荀子世故味浓；孟子之文是少年之激情，而荀子之文是老人之理智；孟子是理想主义者、道德主义者，专注于理论构想，荀子是实践主义者、实用主义者，专注于技术操作……

他俩有这么多不同，但最明显、最惹人注目的不同，还是孟子道性善，荀子言性恶。我估计荀子与孟子是见过面的，孟子84岁死时，荀子已是50多岁了，又恰巧都在齐国的稷下学宫待了那么长时间。说不定荀子还听过孟子的演讲辩论也难说。但这个晚辈在他的著作里点名批评孟子，说孟子"甚僻违而无类，幽隐而无说，闭约而无解。"（非常怪诞而不伦不类，神秘而不可通晓，晦涩而不能理解。——《非十二子》）。大概是讲经验、实证的荀子，对孟子心性之学的内心体悟不大以为然，视之为空虚无物、神秘难解，而痛加贬斥。在《性恶》篇中，他更是对孟子的性善论针锋相对，毫无同情之理解与宽容。他开口即说："人之性恶，其善者伪也。"他不经论证，就如此骤下断语，十分的武断，很像是由于对孟子有成见而意气用事。郭沫若先生更认为这是荀子想独树一帜，招人喝彩。但荀子"性恶论"实是他哲学体系的有机组成部分，与他自然哲学的天人之分的天道观，社会政治哲学的礼法论，紧密绾结，不可骤视之为意气之说与标新立异之论。但他证立人性恶，与孟子证立人性善一样，虽然十分吃力而尽力，却都不是科学证明。好在证立人性之善与恶，乃是一种价值性的人性观，我们可以撇开其对"真"的证明过程，而关注其价值指向。本来，"人性善"在世俗政治上，往往直接与道德政治相关联，是专制政治、人治政治的价值基础。而"人性恶"，由于其对人性"恶"的警惕，有可能导致对人治危险的警惕，对专制政治的恐惧，进而产生分权的政治思路，甚至可能发展出宪法、议会、选举、人权等民主政治的要件。但显然，中国的历史没有出现这样的情况。

倡"人性恶"，却又为何没能走向民主与法制？除了荀子的"性恶论"没能在政治领域内立足，从而产生实质性影响外，他的"性恶论"本身的严重理论缺陷也自己堵死了通往民主政治的道路。要使"性恶论"成为民主与法制政治的基础，我以为还应当具备两点才行：一是对人欲的肯定，二是对权力的约束。而这两点，又恰为荀子所不具备。以下分述之。

　　既倡"人性恶"，须有对"恶"的肯定（此"恶"只是哲学意义上的"恶"，而不是道德意义上的"恶"），才能对人性抱有善良意味，也才能走向尊重个性与感情，也才能相信人的自律，相信人民能自己管理好国家和自己。"个性"是人性的一个层次。一般而言，人性有三个层面。一为某类群体的文化共性，如国民性、民族性；二为个人的气质、性情，是为个性；三是价值意义上的"善"与"恶"。孟、荀所争者在第三点，但这第三点应该涵盖包容前两点。荀子把人的诸多自然本性定义为道德上的恶，然后又用礼法锄而去之。这实在是开了后世理学"存天理，灭人欲"的方便之门。我们看他在《性恶》篇中作为"恶"而列出的人欲都是些什么：

　　　　今人之性，生而有好利焉……生而有疾恶焉……生而有耳目之欲，有好声色焉……

　　　　今人之性，饥而欲饱，寒而欲暖，劳而欲休……

　　　　若夫目好色，耳好声，口好味，心好利，骨体肤理好愉佚，是皆生于人之情性者也。

　　　　人情甚不美，又何问焉？妻子具而孝衰

于亲，嗜欲得而信衰于友，爵禄盈而忠衰于
君……

从上四例中，第四项勉强可以算作人类的毛病，但
却又并不普遍存在，或者说并不总是存在，所以很难说
是共同人性。其他三项，应该都是人的正常欲求。如此
看来，荀子列出这四项，要不不属于道德上的"恶"，要
不就不属于普遍人性。他的指控，基本无效。
　　我想，人的正常欲求既可能是恶的萌蘖地，也可
能是善的源泉。也就是说，道德意义上的善和恶具有同
一土壤，那就是人性。所以，人性只有欲，而无道德意
义上的善恶。比如追求财富（荀子指责的"好利"），可
以在奸商那里变成恶，成为魔鬼的奸计；也可以在新教
伦理那里成为善，成为上帝的事业。人性属于自然的范
畴，而善恶属于伦理范畴。自然范畴内不存在道德内
涵。到自然现象中去寻找道德意义，或把道德依据托之
于自然法则，是典型的唯心主义，也是古今中外思想家
常犯的错误。所以，我以为哲学史上关于人性的价值论
上的善恶之争实际上是无中生有的命题。人性只是土
壤，这土壤中既可盛开善之花，又可盛开恶之花；既可

养育善类，又可庇荫毒蛇猛兽。善类与毒蛇猛兽都寄生于大地，而大地本身却无所谓善恶。况且，即使毒蛇猛兽也未尝不是大自然正常秩序中不可或缺的一环，也就是说，也是合于善的目的的。况且，正像庄子指出的，我们把"毒蛇猛兽"看成恶，也只是人类的观念。蛇咬人、老虎吃人，在它们看来，无所谓善恶，这只是它们的自然本性——上帝给它们的本性与能力。老虎吃人与人吃人的区别在于：前者无道德上的善恶，是自然事件；后者有道德上的善恶，是道德事件，当然，也是法律事件。人性属于自然领域，道德属于社会领域。荀子固执地认定人性的自由发展只能产生恶，那他就只能走向压制人欲，甚至灭人欲。

　　今人之性，生而有好利焉，顺是，故争夺生而辞让亡焉；生而有疾恶焉，顺是，故残贼生而忠信亡焉；生而有耳目之欲，有好声色焉，顺是，故淫乱生而礼义文理亡焉。然则从人之性，顺人之情，必出于争夺，合于犯分乱理而归于暴！（《性恶》）

　　——人之本性，生来就有好利的趋向，如果顺遂这一点，就会导致争夺，辞让就消失了；生来就有憎恶的趋向，顺遂这些，则残暴滋生而忠信就消失了；生来就有耳目的欲望，耳好声而目好色，顺遂这些，则淫乱产生而礼义文明天理就消失了。可见，听从人的本性，顺遂人的性情，就一定产生争夺，最终会落到违反身份悖乱天理的境地而归于暴乱！

　　恩格斯说："正是人的恶劣的情欲——贪欲和权势欲成了历史发展的杠杆，恶是历史发展的动力借以表现出来的形式。"18 世纪前后，当人们以科学的态度来探讨历史时，发现了一个似乎令人难以置信的事实，被中世纪贬斥了千余年的人性、人欲，竟然是历史的最有力推动者！历史的原动力，往往竟是一直以来被人们当作"恶"的东西！霍尔巴赫认为："利益或对于幸福的欲求，就是人的一切行动的唯一动力。"可见，灭人欲，往往也就是摧毁历史前进的动力。况且，人类追求自身欲望的满足，追求自身的福祉，这不是最大的善吗？荀子为何不能发现人的好利恶疾等本性，也是人类不断进化、社会不断发展的动力呢？细揣他的意思，倒好像是利不好而疾好，幸福不好而痛苦好，满足不好而贫乏好。荀派的《礼记·王制》上有这样一句话：

作淫声、异服、奇技、奇器，以疑众，杀！

一个哲学家如果偏执狂一般地去干所谓提高人类道德水平之类的"崇高的事业"，而对人类身体的疾苦不关心，对人类物质上的福祉不关心，他就会走到人类幸福的对立面上去。荀子的这种反人性思想，后来在宋明理学那里达到了顶峰。我们从理学家们的理论中，可以见出荀子反人性的严重后果。

给暴君松绑

既倡"人性恶"，还有一点也必须警惕，那就是"恶"往往借权力来实现，因权力而肆虐。只有绝对的权力，才能使恶绝对地不受约束地实现。而荀子为了防止由普遍的人性中产生出的普遍的恶（这一点他也开后来理学

家的先河，认为人性中普遍地、大量地、每时每刻地存
在着、产生着恶或败德的欲念），他竟天真而荒唐地想
出一种方法，用绝对的权力来禁止普遍大众的"恶"。这
就出现了荀子"性恶论"的第二大恶果，绝对的君主集
权独裁政治。他明确地说：

立君上，明礼义，为性恶也。(《性恶》)

——树立一个绝对权力的君主，以便昭明礼义，是
因为人性本恶（必须有所镇压）。

古者圣人以人之性恶……故为之立君上
之势以临之，明礼义以化之，起法正以治之，
重刑罚以禁之，使天下皆出于治，合于善也。
(《性恶》)

——古代圣人因为人的本性丑恶……所以为之建立
君上的权势来凌压百姓，昭明礼义以教化百姓，制定法
律以治理百姓，加重刑罚以禁止百姓。使天下都听从于
治理，合乎于善。

因为"人性恶"，所以要立一个可以"为人师"的君上，用礼义的方法来对付人性这个毒蛇猛兽。君为体，礼为用，荀子的政治蓝图就这样一笔而就了。反过来——

> 今当试去君上之势，无礼义之化，去法正之治，无刑罚之禁，倚而观天下民人之相与也。若是，则夫强者害弱而夺之，众人暴寡而哗之，天下之悖乱而相亡不待顷矣。(《性恶》)

——现在倘若试验一下，去除君上的权势，没有礼义的教化，消除法正的治理，没有刑罚的禁止，靠在一边旁观天下百姓的相处。像这样，就会强者加害弱者而侵夺之，众者欺凌寡者而讹诈之；天下的混乱灭亡不要片刻就到了。

这里，人民不但是愚氓，而且是品性不端、顽劣丑恶的愚氓，是注定要堕落的愚氓。而维护公平，必须依赖外在的强权。在这种认识基础上，荀子抬高世俗之君的地位，使之统御人民，也就可以理解了：

> 今人无师法，则偏险而不正。无礼义，则
> 悖乱而不治。(《性恶》)

——现在的人，假如没有遵从的法律，就会褊狭奸险而不正派。没有礼义的约束，就会悖理暴乱而不治理。

整个《性恶》篇，充满的是对普通民众智识的蔑视与道德的卑视，同时，对于世俗之君，他又毫无理由地认定他们具有智识与道德的双重优势，把人类的希望寄托在他们身上，人类不堕落的保证也在他们身上。

这种严重的道德分布不平衡，导致了他权力分配的不平衡：君拥有一切权力，而大众则失去一切权力；君有绝对权力，而大众则绝对无权力。他的学生韩非的剥夺一切大众的所有权力归于一君的绝对专制理论，其根源就在他的这篇《性恶》。

荀子的"尊君"，还有另外一个原因，那就是"制天"。

> 人……力不若牛，走不若马，而牛马为
> 用，何也？曰：人能群，彼不能群也。(《王制》)

——人……气力比不上牛，奔跑不及马，但牛马却为人所用。为什么呢？是人能合作，它们不能合作。

正因为人能群（合作、组织起来），才能在生物界中一枝独秀。而这个群，又是如何实现的呢？

　　君者，善群者也。(《王制》)

孟子是倡"民贵"而"君轻"的。而荀子从君善群，成为民之组织者的角度出发，认为君之作用及责任都更大，从而他倡导贵君而贱民。

　　人之生，不能无群，群而无分则争，争则乱，乱则穷矣。故无分者，人之大害也；有分者，天下之本利也；而人君者，所以管分之枢要也。故美之者，是美天下之本也；安之者，是安天下之本也；贵之者，是贵天下之本也！(《富国》)

——人类的生活，不能没有群体。群居共处而没有区分，就会发生争夺；争夺，就会发生混乱；混乱就会导致穷困。所以，没有区别，是人类的大害；有区分，是人类的大利；而人民的君上，便是掌管这种区分的中枢。所以，赞美君上，就是赞美天下的基础；安顿君上，就是安顿天下的基础；尊重君上，就是尊重天下的基础。

由《左传》的"民本"，孟子的"民贵君轻"，至荀子一变而为"君贵""君本"。荀子固然不要我们"尊天"了，也不要我们"事鬼"了，他要我们"尊君"了！

从"性恶"和"制天"这两个角度，我们可以看出君王的"枢要"地位。人本性是恶的，要善就必须"伪"，就要学习、师法。法由谁掌握呢？当然是君，所以君主就是人师。人类要生存，就得"制天"。制天不能单靠个人，而要把零散的个人与零散的部落组织统一起来，置于一个绝对的权威之下，由这个权威来统一调度。这就要"协群"，也就是"分"，由谁来"分"而"协"之呢？还是那个君。那么君又是靠什么来正人心与协人群呢？靠"礼"。荀子提倡"尊君""隆礼"的理论归结也就一目了然了。君为体，礼为用。我们可以用一个简单的推理图来表示：

正人心：伪　为性恶　改造自身：师的职能

协人群：分　为制天　改造自然：君的职能

　　我们不需要深文周纳，就能理解这地方的"君"，显然是指各个时代的当代之君，而不是已经作古的那几个作为模范榜样的"圣君"。因为荀子所尊崇的有"伪"与"分"双重职能的君，只能是在现实政治体制中存在并起作用的，而不是一种精神的存在与感召。这样，我认为我们可以为聚讼纷纭的"法后王"下一结论，这一"后王"显然是指当代君主，而不是什么夏、商、周三代之王，或这三代王中后面的王。对荀子的"法后王"，我们曾经给予极高评价，但我们还要对之怀有戒心。因为"法后王"，将使世俗君主成为法律的源泉，现任君主有绝对的权力，而且其自身又是权力的来源，这是十分可怕的情景。孟子的"法先王"，墨子的"天志"，都是约束当代王的。孟子的"法先王"，是以先王作一道德样板，认为一切行为要符合先王之道，这就为起诉当代暴君提供了依据。比如他宣称，五霸是先王之罪人，当今诸侯，又是五霸的罪人，至少在理论上，可以对比先王，而指出后来者有罪，这就构成了一种约束。荀子又反对墨子的"天志"，这固然具有科学精神，但也因此消弭了"天"对当代君主的约束。没有了先王，没有了天，那么当代君主在行事上，既无事实约束，又无道德约束，还没有宗教约束，真是畅快极了！中国历史上那么多恣意逞快的暴君，是荀子给他们松的绑啊！

　　从荀子关于君主"枢要"的论述中，我们还能推理出，在荀子那里，君不再是历史条件下人类实现自身目的、争取自身发展的一种手段，而是手段与目的合一，甚至直接成了"目的"，全国全民一切贡献与牺牲都是为了"君主"这个"目的"。——"美之者，是美天下之本也；安之者，是安天下之本也；贵之者，是贵天下之本也。"自西周以来《左传》《孟子》等等先秦著作中再三珍重的"民本"思想，被荀子的"君本""君原"思想所取代，悲惨世界、人间地狱也就同时拉开了序幕。

我花开后百花杀

韩非与老子、庄子、荀子

　　在中国古代哲人中，以老子最为世故，为其入世极深然后又脱身而去故也。他综观自然万象、世俗百态，以哲人之玄思，抽象天地人，而为一部五千言之格言。虽然刘勰称之为"五千精要"，但毕竟太疏阔、太简略，又太玄乎。但正如他自己所说："玄之又玄，众妙之门"，他的思想竟成为诸子之源，得其精髓最多者有两人：曰庄周，曰韩非。这两人走的是和老子相反的方向：老子抽象人生为哲理，他们形象哲理为生活。文章至此，就精气焕然，好看极了。

　　庄子与韩非亦有大不同，可谓取老子之两极：韩非取其世故，庄子取其脱逸。庄子的文章是田野上的野花，而韩非的文章则如壁上的悬剑。野花者，随意采摘可也，它是我们的自由与浪漫，嗅嗅看看，弃之可也；悬剑者，取必有因，它是我们的法则和意志，出手即当有所斩获。读庄子的文章如消消停停赴约会，读韩非的文章则是铤而走险去入伙。无法则与意志者不可读庄周，读则堕入无赖；无自由与散漫品性者更不可读韩非，读则蜕为冷酷。甚至，心理阴暗者不可读韩非，读之真如韩非所说的"如虎添翼"，更增其狡狯手段；意气太盛者不可读庄子，读之则如庄子所云"重增其放"，不可收束。

再申之，当权者不可读韩非，读之则术势相合，如狼狈为奸，手腕更狠，必致民不聊生；无权者何必再读庄子，读之则更放其心，更显轻薄，更无洗心革面建功立业之希望。

庄子、韩非都极能参透人生，看穿人生，看穿各种把戏。此一点上，道家与法家的眼光之锐利大大超过腐儒。孔子曾说，人生有三种态度，最好是中庸，若不得，则"必也狂狷乎！狂者进取，狷者有所不为"。我倒认为，从为人为文的趣味上说，中庸者最无生气，最无个性，最索然寡味。交友或读书，都应该选狂狷两类。庄子与韩非正好是这两种，庄子是狷者，一脸的不屑与轻蔑，让人泄气；韩非是狂者，一脸的焦虑与急切，使人生气。就他们的思想而言，庄子是天空中飞翔的大鹏，已经九万里之高了，尚嫌离人世不远，他的心里是越超然越好，越超然就越能"莫之夭阏"，摆脱一切羁绊。有趣的是，越是这样的不屑为类为伍，倒越显得他满腔的怜悯人世的深情，其可怪也欤？韩非是都市的解剖师，已经切透纤维了，尚嫌不够真切，他的思想里，是要活生生地把这人世间大卸八块，摸个清清楚楚。同样有趣的是，他越是这样的关切与呵护，倒越看出他对人世间的鄙夷与恶意。亦可怪也欤？

　　看庄子的故事，如看童话；看韩非的故事，则是市井采风。庄子是诗人、虚构者、旁若无人的抒情者。但他随心所欲不离世态，读后仍觉真实无比、诛心无比。是的，他谈的全是心理问题。韩非则是新闻大师、社会评论家、现场目击者与面对观众的直播者，他谈的全是社会问题。欲知"道心惟微"，怎能不读庄子？欲知"人心惟危"，正宜请教韩非。

　　韩非极坚定，神经极坚强，心理极刚健。无论多丑，他不皱眉；无论多恶，他不恐惧；无论多脏，他不恶心。他亦愤世嫉俗，但所愤所嫉之世俗，非世俗之丑恶肮脏，而是人心脆弱，不敢正视这些丑恶肮脏，并从而逃避它，甚至遮掩它、美化它，在韩非看来，文饰丑恶比丑恶本身更糟糕。正是在这里他与儒家分道扬镳，使他成为一位理性健全的理性主义者。庄子则极纯洁，神经极脆弱，心理极敏感。一丝做作，他也恶心；一丝丑恶，他也按捺不住，他要的是理想的目的与理想的手段的合一。正是在这里，他又与法家各奔东西，成为理想主义者。

韩非是荀子的学生，与飞黄腾达于秦的李斯是同学。"大醇而小疵"的儒学大师荀况先生的两个得意弟子都背儒而尚法，这颇有意思。平心而论，荀子的理想国仍是君子国，是道德昌盛之地，他哲学之顶点是要实现一个礼义昌盛的世俗国家，正如黑格尔哲学在人间的最高理想即是普鲁士王朝。他对人的最高要求也是"终乎为圣人"。这是他唠叨叨地劝人学习，而以之期人的最后结果。所以，无论从政治理想、道德理想、社会理想以及理想人格的角度而言，他都是孔子的信徒，而与孟子并不反对。但另一方面，荀子思想中有很多地方确实是韩非法家思想的逻辑起点。也就是说，荀子的一些重要见解，只要稍稍再前行一步，就会很合乎逻辑地导出韩非的观点。比如他倡导"人性恶",这便是法家思想,尤其是韩非思想的总基石,他从"制天""分人"的角度鼓吹"尊君",这也是韩非的君权至上集权思想的道德支撑点。为了防止人性的堕落,遏制恶的人性,他要"隆礼",也就是说要用他改造了的、全新意义上的"礼"来对社会进行整合,更是为韩非直接划定或指出了接下去思考问题的方向。从逻辑上说,荀子式的"礼"离"法"也就只一步之遥了。因为假如仅从社会整合角度言,"法"显然比"礼"更有效益,所以这小小的一步迟早是要被跨越的。实际上,完成这个跨越的还不是他的学生韩非,而是他自己。到了晚年,荀子已是越来越重视"法","法"在他晚年文章中出现的频率越来越高了。再如荀子的"法后王"思想,使得世俗之君成为自身权力的来源,是权力之体与权力之用的结合体,这更直接导致韩非式的极端"尊君"思想。这个"君"不但不受传统约束,不受大臣约束,甚至不受天命、鬼神约束——荀子同时正是反天命、反鬼神观念的"唯物主义者"。

坦然指点人性之丑恶

　　韩非对人性毫无信心。这不难理解，他的学术前辈老子以及他的恩师荀子，都对人性极悲观。到了他，他对人性是近乎绝望的。他几乎是用极端厌恶与轻蔑的心态来对待人性。综合商鞅、孟子、荀子等人的政治（包括具体政策）观点，我们可以发现，他们有一共同点，那就是他们有关政治的意见都是建立在对人性的研究基础上的。从这个意义上讲，中国先秦的思想家，确实具有人本的思想——有什么样的人，然后有什么样的政治。当然，这"什么样的人"，是这些思想家观念中的人。孟子认为人性无有不善，从理论上讲，人皆可以为尧舜，所以他力倡道德政治，他对君主人性的信心使他并不反对专制；而他对普通民众人性的信心又使得他反对刑罚。因为他认为，性本善的人类，只要道德教化即可人人成为尧舜，而使国家成为文明礼仪之邦。而商鞅以及韩非则正相反，他们从人性本恶的立场出发，提出法制的思想，这也包括他们对尧舜之君的不抱希望，以及对普通民众道德水平的更低的评价。韩非认为，若无严酷的惩罚或可观的赏赐（贪求赏赐也是人性恶的表现之一），每个人都会在自私自利的本性驱使下变成恶棍、道德堕落者；同时，也会在贪图逸乐、逃避劳作的本性引导下，一步一步走向贫穷与愚昧。由此，则国家不但不能达到精神上的文明，连物质上的温饱都难以实现。故而，针对儒家，包括他老师荀子的重教育劝学习的主张，他提醒人们，道德教育若不和利益结合起来，只能是一厢情愿，而道德期待则更是守株待兔式的愚蠢——尧舜即便真的那么圣哲美好，也只是人类历史大树下偶然撞死的兔子。傻等这样的兔子，不如另谋生路，期待尧舜，不如实行法治。以法治国，并御之以术，恃之以势，才能收到成效。

韩非对人性自私自利的丑陋一面的洞彻与不留情的揭露，即便有些偏执，但仍不失其深刻、不失其锐敏。正如我前面说到的，韩非是神经极坚强之人，能面对一切丑恶而坦然指点。他似乎很不能容忍为了心理脆弱而掩盖真相，在丑恶面前掉转头去；不能容忍为了人类的自尊而自高自大地粉饰人性；更不能容忍仅仅为了道德理想或理想的道德而美化现实。而这正是儒家的毛病。

儒家极力把一切伦理关系都罩上一层温情脉脉的面纱，在儒家的观念里，无论"三纲"，还是"五伦"，都包含夫妻、父子、君臣。并且"有夫妇然后有父子，有父子然后有君臣"（《周易·序卦传》），因而"夫妇"是"人伦之始"，《易》基《乾》《坤》，《诗》始《关雎》，都是要表明重视这一"人道之大伦"。同时，儒家从道德立场出发，又赋予这三层基本人际关系以温情脉脉的道德面纱：夫良妻贤，和合欢愉；君君臣臣，君明臣忠；父父子子，父慈子孝。从夫妇之间的"敬"到父子之间的"孝"，再推及君臣之间的"忠"，整个的一条道德之链。但韩非则毫不手软、毫不心跳地撕去这层面纱，给我们展示了与儒家截然不同的情景。我们看他谈夫妻关系：

> 夫妻者，非有骨肉之恩也，爱则亲，不爱则疏。(《备内》)

——夫妻么，不是有什么血缘骨肉的恩情的，相爱则亲近，不爱则疏远。

还有这么一则故事，又是来自市井调查：

> 卫人有夫妻祷者，而祝曰："使我无故，得
> 百束布。"其夫曰："何少也？"对曰："益是，
> 子将以买妾。"（《内储说下·六微》）

——卫国有一对对神祷告的夫妻。妻子祷告神灵
说："请神灵保佑我，让我白白捡到一百捆布。"丈夫说：
"为什么只要这么少？"妻子回答说："超过了这个数，
你就要拿多余的去买妾了。"

显然，这位以为祷告神灵即可出门撞大运的愚妇比
很多人聪明得多！因为她知道，夫妻关系的保持，包括
感情的保持都依赖一种平衡，一旦平衡失去，夫妻关系
也就随之瓦解。这也确实可以在我们的经验记忆中找到
例证。

甚至，在诸侯、帝王之家，后妃、夫人往往盼望她
们的夫君早死，这又是为什么呢？

> 丈夫年五十而好色未解也，妇人年三十而
> 美色衰矣。以衰美之妇人事好色之丈夫，则身
> 见疏贱，而子疑不为后。此后妃、夫人之所以
> 冀其君之死者也。（《备内》）

　　——男人年至五十而好色的习性还未消解，而妇人则年至三十即已美色衰老。以一个色衰的女子来侍奉好色的丈夫，则不可避免要被疏远，从而导致她所生的儿子也可能不能成为继承人。这就是后妃、夫人希望她们夫君死掉的原因！

　　由于担心时间长了自己失宠而使她们的儿子不得为继承人，这些后宫嫔妃、夫人宁愿丈夫早点死掉！

　　我们再看他写父子关系：

　　　　父母之于子也，产男则相贺，产女则杀之。此俱出父母之怀衽，然男子相贺，女子杀之者，虑其后便，计之长利也。故父母之于子也，犹用计算之心以相待也，而况无父子之泽乎？（《六反》）

　　——父母亲对于子女，生了儿子就祝贺他，生了女儿就把她杀了。子女都是父母所生，是儿子却受到祝贺，是女儿却把她杀了，这是因为父母亲考虑到自己以后的利益，从自己的长远利益打算的缘故啊。所以，父母亲对于子女，尚且以盘算对自己是否有利的观念去对待他们，更何况是没有父子之恩的君臣呢？

　　原来人间至情父母子女，都存"计算之心"。我们还不能理直气壮地驳斥他，因为他的论据就来自市井，来自普通的人情。至少从经验的角度讲，韩非所指责的确实是人群中一些人的行为——虽然不是所有人的行为。但对于否定父子之间"天然血缘"亲情观念来说，已足够有力、有效。

君臣不同利

　　我明确地在把"况无父子之泽"增字译为"何况没有父子之恩的君臣"，是的，韩非说夫妻，说父子，只不过是以极端的例子来衬托君臣而已。

　　　人臣之于其君，非有骨肉之亲也，缚于势而不得不事也。……夫以妻之近与子之亲而犹不可信，则其余无可信者矣。（《备内》）

——臣子对于他们的君主，不是因为有什么骨肉之亲才为君主效劳的，而是因为受到权势的约束而不得不为君主效劳。……连妻子的亲近和儿子的亲爱，尚且不可以信任，那么其余的人就没有可以信任的了。

韩非的目的，本不在于挑拨我们的父子、夫妻关系，没事说这些招惹人的话干什么？他是政治家，他研究的是帝王之学。他要做的，是由夫妻父子之间的"计算之心"推出君臣之间的"异利"关系：

> 主利在有能而任官，臣利在无能而得事；
> 主利在有劳而爵禄，臣利在无功而富贵；主利
> 在豪杰使能，臣利在朋党用私。(《孤愤》)

——君主的利在于根据能力而任官吏，臣下的利在于无相应的能力也能得到更大的官；君主的利在于给有功劳的人爵禄，臣下的利在于没有功劳也能富贵；君主的利在于使用豪杰发挥他们的才能，臣下的利在于结党成帮而任用自己的人。

你看，他就这样把君臣的关系看作势同水火冰炭，他的思维里冲突的东西多，他的个性，也是一个你死我

活之人。于是他便主张君主用"刑"与"德"这"二柄"来控制臣下。何谓"刑德"？他解释道："杀戮之为刑，庆赏之为德。"这"刑德"二柄，如虎之爪牙，虎正因了有爪牙，才能制服狗，若失去了爪牙，岂不反为群狗所制？（《二柄》）

关于治服臣下，韩非说得很多，出的主意也很多，并且往往又聪明又恶毒。比如他说，驯鸟的人剪断鸟的翅膀和尾巴上的长羽毛，这样鸟就不得不依赖人的喂养，那它还能不驯服吗？英明的君主畜养臣子也应当这样：使臣子不得不仰仗君主的俸禄生活，那臣子又怎能不驯服呢？阴险的韩非知道，剥夺人的经济独立性，是培养奴才的最好方法！

而对于那些凭借私有财产，独立自存不臣王侯的人，韩非咬牙切齿一般地说：

势不足以化，则除之！（《外储说·右上》）

——权势不能使之驯化，就除掉他！

韩非既已认定人没有独立存在的价值，人不是一个自足的存在（从现代意义上说，就是彻底否定一切人权），那么人的价值，甚至人作为一个肉体存在的依据，都只能是在一种自上而下的权力关系中才能得到保证。独立的人不仅不是一个道德主体，甚至其自身存在都是不道德的，当然也就应该杀掉。齐国隐士田仲因为不靠仰人鼻息糊口（不恃仰人而食），自立自存，便被韩非借人之口讽刺为全无用处的、坚如石头的葫芦（《外储说·左上》）。齐国东海上有名叫狂矞和华士的两兄弟，"不臣天子，不友诸侯，耕作而食之，掘井而饮之"，"无求于人……不事仕而事力"，要自食其力，便被姜太公杀掉，因为他们不愿做官，就不好管理；不愿任职，就不会效忠君主（《外储说·右上》）。在韩非的理论里，人是工具形式的存在，是国家的工具，更明白一点说，就是权势的工具！更可怕的是，他还倒推过来，不愿成为工具的，就不是人，就要杀掉！

　　当然，韩非的这些思想是从商鞅到荀子一脉相承的。从他们那里，我们悲哀地看到，先秦诸子特别可贵的独立性，包括人格独立和学术思想独立，都被卖与帝王家了！

道德与人性

从我们上文的叙述中可以看出，韩非对各种人际关系的观点，是建立在一种道德观点上的。确实，韩非在"道德"问题上，有独特而深刻的见解，他的方法是出于经验和理性的，而不是出于神学的。由这种比较科学的方法，他对道德问题的见解，比先秦诸子中任何一位都更能抓住本质，更接近事实。甚至，在整个古代中国，像他这样对道德问题有如此深刻洞悉的也不多见。

首先，韩非能从功利、实用的角度去看待道德，他显然认为道德是社会整合的手段、工具，而不是目的。从这个角度来看道德，道德就不再具备绝对价值，也不具备独一无二的优势。如果它不能很好地解决社会问题，承担自身应担的责任，它就是应当被抛弃的，比如已经过时的，失去对当今社会整合作用的古老的"仁义"。他作比喻说，把尘土当饭，把稀泥当羹，可以作为孩子"过家家"的游戏，而不能真吃，它们不具备充饥的条件，先王的所谓"仁义"也是如此。既然"仁义"

已经失效，那么抛弃它就是必然的选择。于是，他在泼出"仁义"的脏水的同时，把"道德"的孩子也泼出去了——他自信他已找到了一个更加锐利的武器来解决当今问题，那就是"法"。

其次，他坚持认为人的一切行为，其动力都是"利"，而不是道德。他在《五蠹》中说，尧舜的禅让，并不是如儒家鼓吹的那样是道德的高尚，而是那时当天子太辛苦而没好处，禅让出帝位给别人，简直就是逃避吃苦，躲开责任。他接着说，今人连一个小小的县令之职都争得不亦乐乎，也不是今人特别的卑鄙无耻，而是当今做官的好处太多，捞到的财富可以让子孙几代人都能有车坐。在春天青黄不接、家里揭不开锅的时候，连幼小的弟弟都不给饭吃，而到了秋天丰收季节，连疏远的客人都会得到很好的招待。这难道是爱过客而憎幼弟吗？只是由于粮食的多少不同罢了！

再看下面的一段话：

　　故舆人成舆，则欲人之富贵；匠人成棺，则欲人之夭死也。非舆人仁而匠人贼也，人不贵，则舆不售；人不死，则棺不买。情非憎人

也，利在人之死也。(《备内》)

——造车的人造成了车子，就希望别人富贵（以便卖出车子）；木匠打好了棺材，就希望别人夭折早死（好售出棺材）。并不是造车的人仁慈而木匠残忍，而是因为别人不富贵，车子就卖不掉；别人不死，棺材就没人买。木匠的本意并不是憎恨别人，而是因为他的利益在别人的死亡上。

孟子也曾用这个方式说明过问题。孟子说，造箭的人唯恐箭不能伤人，造铠甲的人唯恐铠甲不能保护人，造棺材的人盼人早死，所以要有好的品行，选择职业很重要。显然，孟子把道德与职业及职业所涉及的利益混为一谈，而韩非则能对之加以区分。这已显示出韩非在对道德的认识上，比之孟子有了很大的进步。

再次，韩非还认为，道德观念是随着时代的发展而不断变化的。这又是与宣称"天不变，道亦不变"的儒家对着干。无论孔子，还是孟子，都认为这世界虽然千变万化，逝者如斯，但基本的道德信条不会变，如他们鼓吹的仁、义、礼、智、信，等等。但韩非从道德的社会功能角度出发，认为不同的时代需要不同的道德，所谓"上古竞于道德，中世逐于智谋，当今争于气力"(《五蠹》)。

应该说以上三点，和儒家相比，韩非都有自己的发现。糟糕的是，作为集权主义者、作为君权的狂热的拥护者，他由此而引申出去的结论则颇令人意外。他坚定地认为"仁义辨智，非所以持国"(《五蠹》)，这不仅和儒家反对，和"尚贤"的墨子反对，甚至直接反对了他的老师荀子。因为荀子认为，在贤与法之间，贤是更重要的。荀子说："有治人，无治法。"也就是说，只要贤人在位，无法也能治国；而若是奸人当道，有法又有什么用？韩非显然对老师的这些立场不屑一顾，既已有法可依，中等以上才智品行的君主就可以抱法而治，还要贤良干什么？相反，臣子贤良，还可能对君主构成威胁，他举例说田成篡简公、子之篡子哙，都是因为臣子贤。可见，贤于治国无益，而于篡国则有助。

如果不是韩非心灵上对反面的、阴暗的东西特别敏感，那么韩非确实有这样一种不良的学风，他总是能找到对他有利的证据，而有意无意地忽略对他不利的证据。比如在这儿，要找一两个聪明贤良的"篡臣"很容易，可是要找一些聪明贤良的功臣、圣臣（以他老师荀子的分法），而这些功臣、圣臣正因为他们个人才智与品德上的"仁义辨智"而成就其"功"，成就其"圣"，也不难。但韩非不但对此视而不见而自欺，甚至哓哓善辩而欺人。在取得了这样诈来的"理论成果"后，他顺理成章地证明了他的愚民政策的合理性。这也是上承他的学术前辈老子"不尚贤"的愚民政策，愚民本身就是弱民，因为它剥夺了人的自身发展权利。韩非要以牺牲天下人才智，剥夺天下人自身发展权利的代价来换得君主地位的稳固，在他看来，人民不需要才智，只需要服从。韩非直言不讳地这样宣传，简直是强盗逻辑，是法西斯。

当然，我们还应该公正地说明一下，韩非反对仁义、贤智，等等，不是说它"不好"，而是说它们"无用"。他是个典型的实用主义者、功利主义者。但是，他的对"德行"的否定，在另一个地方却结出了一个真正的硕果。他也因此而不相信统治者的个人德行，不期待他们的良心发现。他有名的守株待兔的寓言，表达的就是这种光辉的思想。他说，像尧舜这样的大圣与桀纣这样的大逆，极端的好与极端的坏，大约都是千年才出一个。尧舜可以不要法而治，桀纣也是法所不能约束的。但世上最多的，是那些才智与品行上都属一般的中等的君主。这些中等君主，上不及尧舜贤德，下也不做桀纣那样极端的坏事，这样的君主，"抱法处势而治，背法去势则乱"。所以，他恳切地说，他的理论就是给这些人构想的。他说，像儒家那样，"废势背法而待尧舜，尧舜至乃治，是千世乱而一治也"，而用我的法治理论，"抱法处势而待桀纣，桀纣至乃乱，是千世治而一乱也"（《难势》）。这实在是清醒的理智，同时也可以看出他辛苦的救世热肠。这种理论成果，是可以直接引申出——当然是理论上引申出——依法执政的论题，以及法大于权的问题。而韩非确实从人性恶的角度，发现了恶的人性与权力结合后会产生什么样的恶果，他用"如虎添翼"这样惊悚的词来描绘恶借权力肆虐的可怕情景。在这一点上，他是站在荀子的肩上，看到了荀子没有看到的部分真相。

权力与人性

《难势》应该是中国思想史上极其重要的篇章，但在研究韩非的学者那里，这篇文章还没有引起足够的重视。在先秦诸子中，系统地阐述权力危害的就是韩非。在《难势》里，他假借慎子及两位批评者，对权力的危害及消弭，进行了具有真正意义的探讨。指出了权力的两面性——"便治而利乱"——便于治天下，也易于乱天下。权力只是一个事实，它本身并无价值取向。什么样的社会力量或个人掌握权力，用什么样的方式运作权力，这才是一个问题，才有讨论的意义。对人性悲观的韩非认为，人群中贤良的人少而不肖的人多，所以权势落入不肖人手中的可能性与次数也会较多。这样，权势所起的作用，当然是治天下的时候少而乱天下的时候多。而邪恶的人一旦得到了权力，韩非说，那就如同吃人的老虎又添上了翅膀，将要飞入通都大邑，挑选着人来吞食了。桀纣筑高台，挖深池，耗尽民力，设置炮烙之刑，残害人命，不就因了他们有天子的权势吗？假如他们无权无势，他们还没有做成一件坏事，就被制止了。韩非尖锐地指出："势者，养虎狼之心而成暴乱之事者也，此天下之大患也！"

那么，对于权势的危害，我们怎么办呢？实际上，儒家的贤人政治，也就是寄望于用贤人自身的道德力量与智慧来消弭权势的危害。他们由此在理论上便出现了一个盲点，他们认为一切恶都是人的恶，而不能发现"权力天然具有反民众的特性"（池田大作）。照儒家的思路，如果权势如马车，那我们就等着一个贤人来驾驭它吧。这也是韩非的老师荀子的对策，问题是如果没有贤人，或恶人多贤人少，那我们就听天由命地任由恶人作践我们，把我们引上绝路？韩非是这样发问的：如果中原地区一个人落水了，我们一定要等着南方越国会游泳的人来救他？在越国会游泳的人到来之前，我们就只能袖手旁观，死活由他去？韩非的这一尖锐的质问，揭露出了儒家的贤人政治，实际上就是无所作为，听天由命，至多搞一些道德宣传，揭露出了儒家在政治体制构想方面的无能、无知与不负责任。而韩非给我们指出了另一条路："法势并治"！以法来分减权力，牵制权势，不让权力独擅其便，一手遮天！他说，一般的君主如果能够拥有权力而又能守法，以法治国，就不仅可以避免权力的危害，而且可以治好天下了！

但，问题的根源还是没有解决。这问题是"君主如何才能守法？"答案如果是靠君主自己，那就又退回到贤人政治的老路上去了；如果让君主守法的力量不在君主，那在哪里？这个问题终于问倒了韩非，他无坚不摧的矛终于遇到了无矛不折的盾。而且，正像他创造这个寓言时所说的那样，这个矛和这个盾出自一人之手，从而"自相矛盾"——倡导君主集权、君权绝对的他，不可能给"法"留下更大的空间。他"法"的"矛"被"君"的"盾"无情地折断，于是他踉跄后退，退回了他老师荀子的老路。荀子为抑制人性恶，竟荒唐地想到用加强权力的方式来解决之；韩非看到了权力的罪恶，也想到了权力应当有所约束，但他仍在那里鼓吹集权！把"法"置于万人之上，一人之下。这一人，便是君主以及君主的至高无上的君权。从而，"法"只是君主惩治臣民的工具。

所以，韩非子的法治与我们今天的法制是大异其趣的。他的"法治"只是一种手段，仅仅是实现国家权力的工具和手段，所以它不但不能保护人民的权利，反而是集权统治剥夺人民权利的帮凶。剥夺天下的权利而集之于帝王一身，这就是韩非子"法治"的本质。

私学之死与韩非之死

在先秦，孔子是第一个创办私学的人，他由此开辟了一个时代，一个独立知识分子指点江山激扬文字粪土王侯的时代。而到了韩非，他开始对这种独立于政府权力之外的，不为政府服务甚至专门与政府唱反调的"二心私学"进行政治指控。

我们知道，他本人即是出身于私学，受惠于私学的。他是从私学大师荀子那里，锤炼出了严谨犀利的文笔，造就出他深刻而独到的思想。但他后来反戈一击，把他出身所自的"私学"彻底否定了。是的，先秦诸子，写到韩非就结束了；孔子的私学开创了一个时代，韩非对私学的指控就在结束这个时代。私学结束了，漫无王法、自由洒脱的时代结束了。哲人枯萎了，而政客则亢奋起来。嬴政马上要用刀与剑、坑与火结束列国纷争时代，韩非先用他那只磨砺于私学、锋锐无比的笔把它结果了。列国纷争与百家争鸣，是政治与学术上呈现出来的同步、同质的景象，现在它们要一起凋落了。百花凋零，一枝独秀，这一枝就是法家；列国消亡，一国独大，这一国就是秦国。嬴政结果了列国，韩非结果了百家。

可悲的是，他们并没有像秦始皇想象的那样，"二世三世至于万世，传之无穷"（《史记·秦始皇本纪》），只十几年的工夫，王朝崩溃了，而法家思想也被人唾弃。他们只有一时的辉煌，而留下千古的骂名。

在《六反》中，韩非把"学道求方"（学习道理追求真理）的行为，看成是背离国家的法度（"学道求方，离法之民也"）。显然，在韩非看来，人只应当追随权势，追随权力意志，而不能追求真理。

《显学》中，韩非完全从实用的角度来看待学术，而其实用的范围又是那么狭隘，不过"耕战"二字，这使得韩非成为先秦诸子中最无哲人气象的一位。他对当时天下"言无定术，行无常仪"表示了极大的不安，而人主对这些各执一端的言论竟然"兼礼之""俱听之"，又使他极为不满。他对"百家争鸣"表示厌倦了。他出主意说，在这些纷纷然的言论中，寻找一种适合统治的（当然也就是他的法家理论），使之官方化，用官府文告的形式加以公布，变成官方哲学，体现官方意志，而对那些落选的学术理论，则实行消灭，"去其身而息其端"！——除去发表这些言论的人，消灭这些议论的根源！赤裸裸地鼓吹从肉体上消灭异端学术，韩非是学术法西斯！

《诡使》一文中，韩非对"私学"的讨伐达到了极致。他把"私学"称之为"二心私学"，也就是不和君王同心同德的私学。这种指控太有效，也太可怕了，因为它直接激起了君王对私学的愤怒，从而可以借世俗权力之剑，斫杀私学。对"私学成群"的现象，师生之间的"师徒"关系，他都反感。这实在让人匪夷所思。因为，在他那时，私学第一大师正是他的恩师荀子，而他与荀子之间也正是"师徒"关系的。为什么他所学的，就不是"二心私学"，而是忠心耿耿的"私学"，别人的一定是犯上作乱的呢？他如何在个人档案的履历表上填写自己的人生经历呢？

我们看他对私学的判决：

> 私者，所以乱法也。而士有二心私学……
> 大者非世，细者惑下。

注意他的口气，他用的可是全称肯定判断，也就是说他如此骤下断语，是把他自己也装进去了的。而下面的判语更是无理至极、蛮横至极、血淋淋至极："凡乱上反世者，常士有二心私学者也"——凡是犯上作乱，反对现存社会的，常常是读书人中那些怀有异心搞私学的人——多么可怕的指责！中国文人几千年的悲惨命运，几千年的不受信任，几千年的被杀戮、囚禁、流放、贬抑、灭族，就是从这里开始的吧？你看他主张如何处置这些搞私下学术的人："禁其行"！"破其群"！"散其党"！

他的这些主张果然在秦王朝那里得到了施行。他的同学，一位冷酷而势利的幕僚李斯，对秦始皇嬴政说：

> 私学而相与非法教，人闻令下，则各以其
> 学议之，入则心非，出则巷议，夸主以为名，
> 异取以为高，率群下以造谤。如此弗禁，则主

势降乎上，党与成乎下，禁之便！（《史记·秦
始皇本纪》）

——私学的人互相非议政府法令教化，人们听到朝
廷有什么政策法令出台，就各自依据自己所学的理论来
妄加评论。在家则腹诽，出门则巷议。以批评君主来博
取名声，以故作新奇来显示高明，率领群众妄造批评舆
论。像这样而不加禁止，则君主的威严降于上，朋党的
勾结成于下。立即禁止才对！

始皇三十四年（前213年），议封建，引出"禁书"
事件；三十五年（前212年），又合乎逻辑地引出"坑儒"
事件。韩非的主张终于成了血淋淋的现实！

但是，极富悲剧性与讽刺性的是，嬴政在杀灭六
国一统天下之前，先杀了韩非，在秦"坑儒"之前23
年，法家的韩非就被秦鸩杀。他与那被活埋的460名儒
生之死是不同的：首先，韩非是为天下人、天下学子设
置死地，而自己又先蹈死地，与商鞅极其相似地作法自
毙；其次，被秦的暴政虐死的小民以及被活埋的儒生，
他们可以叫冤，他们的冲天怨气最后也真的化为楚人一
炬，让秦之暴政化为焦土。而先蹈死地的韩非，却不能

叫屈，因为正是他在理论上鼓吹给予君主这样至高无上的、不受任何约束的，对天下苍生生杀予夺的权力的。韩非之死，从逻辑上说，恰恰是死于自己的理论。他无法为自己叫屈，更不能对杀害他的暴力进行起诉——因为他没有起诉的依据——所有起诉暴政的依据——无论是道德依据，还是法律依据，都被他取消了。而且更有悲剧意味的是，不仅这种专制理论的创造者韩非自己折断了，短命的秦王朝——韩非理论的实践者，也迅速崩溃了。秦始皇原本就是韩非的崇拜者，他用法家的耕战思想、权诈理论扫六合而并天下，他又用法家的苛刻少恩法术理论御宇内而治天下。最后，在这一柄无情剑下受伤的，不仅是广大的血泪斑斑的黎民百姓，王朝自身也崩溃了。而这一切都证明着韩非理论的致命的缺陷，不管它有多么巨大的优点。是的，不受约束的权力，或曰自上而下的权力，对于人民是致命的；对于统治者和政权本身，同样是致命的。它是一把无柄的双刃剑，而且是注定要折断的。

千古一鼠

机会主义者

在写韩非时，我提到，先秦诸子，写到韩非，就结束了，哲人的时代过去了，而政客则亢奋起来。这"亢奋的政客"，我隐隐地指的就是李斯，韩非的同学和嫉妒者、谋杀者。司马迁在《史记·李斯列传》的一开头，就写了一个特有象征意义的故事，一开篇，即墨毫轻扫，如灶妇扫尘，李斯这与"千古一帝"秦始皇齐名的"千古一相"，就入了另册，成了鼠类，在历史的长廊中，画定了他贼眉鼠眼的形象：

> 李斯者，楚上蔡人也。年少时，为郡小吏，见吏舍厕中鼠，食不洁，近人犬，数惊恐之。斯入仓，观仓中鼠，食积粟，居大庑之

下，不见人犬之忧。于是李斯乃叹曰："人之贤

不肖譬如鼠矣，在所自处耳！"

　　——李斯是楚国上蔡人。年轻时，做郡中小吏，看

见官吏宿舍厕所中的老鼠，吃着肮脏的东西，人与狗走

近时，常常惊恐逃散。李斯到粮仓中去，观察仓中的老

鼠，吃着囤积的粮食，住在大屋之下，没有人和狗的惊

扰。于是李斯就叹息说："一个人的贤能与不肖，就像

老鼠一样，就看他所处的地位罢了！"

　　司马迁何等人物？玩古往今来帝王将相、才子佳

人于股掌之上，称他们的斤两，论他们的货色，一言而

九鼎，盖棺而论定。第一等人物也！他写人物，往往在

开头写一两件不太起眼的小事，似乎写的仅是人物的小

节，却往往借此给人物定性，并暗示将来之命运。这

《李斯列传》的开头一节，即是典型的例子。

　　李斯做出了惊天动地、改天换地的大事，但他自

己却一直没能大起来。他好像永远是上蔡小吏，永远摆

不脱那种小人物、小人格的心态。小气、小器、小心翼

翼，永远蜕不出那种猥琐细屑，患得患失，首鼠两端。

他既不及商鞅的一意孤行一往无前，更不及后来王安石

的坦荡磊落忘怀得失。是的，他终身受控于他皮袍下的那个"小"字。他绝顶聪明，但正如庄子所说："嗜欲深者天机浅"，他才不胜欲，德不胜才，天机浅薄，乃薄命之相。我这里讲的"德"，不光指"道德伦理"之"德"，更是指一个人的定性——一个人面对世界时的那种自大自信，超然豁然，那种把握自己，不被世界左右的定性，在诱惑或在压力面前保全正常理智，不被其淹没或误导的心力。在这一点上，李斯显然有些弱不禁风。他的老师荀子是知道他的缺点的，所以当李斯做了秦丞相的消息传到他老人家耳朵后，这位世故的学者和地方老吏（他长期做楚兰陵令），不仅不为他高兴，反而忧愁得吃不下饭了。他已预见到这位不能把握自己的学生将要自蹈不测之祸了（《盐铁论·毁学》）。

　　李斯一生孜孜不倦，机关算尽，他好像总是皱着眉头，心事重重。他是一个典型的以聪明处世的人。我以为，就处世而言，最高境界是以赤子之心待人接物，超越利己利他；其次是以正常理性处世，摒弃深文周纳的一切人生戒律和道德教条；再次就如芸芸众生，随自己的喜怒哀乐待人接物，不求活得高尚，只求活得真实；不求有理有据，只求随性适意。而最差也最危险的处世方式就是以一己的聪明来对付世界的万千世相及其不可穷尽的变化。人之聪明有限，世途之险暗无涯，"以有涯随无涯，殆已！"——以有限去应付无限，危险啊！这又是庄子的告诫。

说这些，我是想说李斯是一个典型的机会主义者——一切以聪明来处世的人无一不是机会主义者。但李斯仍有他别人难以企及的高度：他是一个鼠，但却似乎并不全是"鼠目寸光"，他可以说是中国历史上少见的富有远见的大政治家。在这一点上，他确实不辱没他的老师荀子。他两次力排众议，顶住压力，反对分封而倡立郡县，其中第一次他所顶住的还是来自他上司——丞相王绾的压力，其时的李斯还只是一个廷尉。如果我们细心留意一下历史，我们会发现，三代递代，及更早的黄帝杀蚩尤，炎黄大战，乃氏族部落战争。周代立国，广封天下诸侯，在最初分封的诸侯中，"立七十一国，姬姓独居五十三人"（《荀子·君道》），以一家血脉涵盖天下，一举消除了氏族战争的隐患。这是周公的大功德。而周王朝的灭亡，则又是由于诸侯兼并。秦立郡县，又一举消除了地方诸侯对中央挑战的危险。自此以后，于秦则是"有叛人而无叛吏"；于汉则是"有叛国而无叛郡"；于唐则是"有叛将而无叛州"（柳宗元《封建论》），从体制上彻底解决了地方利益集团威胁中央的问题（汉代的"有叛国而无叛郡"更是从正反两面验证了李斯的论断），李斯之功大哉，李斯之见远哉！难怪司马迁要在事功这一点上把他和周公旦相提并论！

其实，指责李斯是机会主义者，也完全是道德主义的立场。如果李斯不善于发现机会，抓住机会，他也就不会成功。当他在荀子那里学"帝王之术"时，他就在作"十年磨一剑"的功夫。他对学问本身的兴趣远在韩非之下：当韩非在思辨的玄想中完善自己的理论体系时，李斯却是一边听荀老师讲课，一边是心有旁骛，很像是孟子指责过的那种不专心，"一心以为鸿鹄之将至"——不，一心想着自己将如鸿鹄，志向远大，羽翼已就，一飞冲天。他的眼角不时地扫向书室之外，窥测方向，以求一逞。他匣中的宝剑时时作鸣，要扬眉出鞘。在纷争的七国之中，他也早瞅准了远在西北的秦，那是一颗呆呆跃起的天狼星，将要吞食崤山以东死到临头还吵吵嚷嚷、睚眦相向的六国昏蛋。他对自己的祖国——楚国，简直不屑一顾：一个逼死屈原的祖国还有什么值得留恋？孟子就说过，若无故而杀士，连大夫都可以叛逃他国。况且，连贵族出身的屈原都无能作为，上蔡布衣还能有什么指望？于是，他对荀子说，当此"游说者之秋"，不抓住时机，为自己挣得富贵，不合乎正常人性。而秦国无疑是最有希望也最有接纳天下人才雅量的大国。于是他打点行装，告别恩师，向西一路逶迤而来。按荀子晚年对秦国的好感，他定不会阻拦，甚至会鼓励自己野心勃勃而又才干出众的弟子去秦国实现理想，也使自己呕心沥血的理论化为政治现实。

待价而沽的李斯显然比屈原、韩非自由。屈原、韩非是有负担和拖累的，这拖累就是他们出身所自的祖宗之国。"毕业"以后，李斯可以毫无拖累地根据自己审时度势的判断来决定自己的去向，而韩非则必须回到韩国，如同今日的定向委培。问题是，韩国并不需要他，更不需要他的理论。这就让天纵聪明的韩子被人约束住了。天虽纵之，无奈有人束之！在这一点上，拥有人身支配权的专制社会，永远是"人定胜天"的。韩非回韩国以后的境况，很像计划分配时代的，无后台、无后门的晦气重重、可怜兮兮的大学毕业生。他只好退回内心，继续他的纸上谈兵式的理论研究。而此时的李斯，在秦国的事业和个人的前途都已一片光明了。

国家恐怖主义

到了秦国的李斯很见机、很乖巧地先投靠左右秦国实际权力的吕不韦，并取得了他的信任，被任命为郎官，这样他就有了游说秦王的机会。李斯非池中之鱼，他真正的目的就是要借秦王的军队、财富、权势、国土及国土上的人力，来实现自己的伟大抱负。在与年轻的秦王谈论中，他又一次提到了"时"——时机。他极具煽动性地说，当前是"灭诸侯，成帝业，为天下一统"的"万世之一时"。而且这个"时"，稍纵即逝。等到山东诸侯再次恢复元气，也恢复他们的理智——再次联合起来时，即使黄帝再世，也无法一统天下了。天佑暴秦！在天才商人吕不韦垂暮、进取锐气渐失的时候，又为秦国送来了一个精通"帝王之术"的李斯，在秦国的肌体上，又补充了新鲜的血液！而这血液又是何等活跃、骚动，充满毒素，富于攻击性！

但李斯的到来，中断了秦国改善自己形象的机会。吕不韦晚年召集门客著《吕氏春秋》，并悬之国门，我以为这是他试图引进百家思想，填充秦人一张白纸似的脑瓜。是的，秦是公认的"虎狼之国"，它在当时各国中几无信任度。一直以来，它只有策略、权术及攻杀手段，而并无理论，并无任何价值取向与价值坚持。政策和策略是秦的生命。蔺相如曾一针见血地总括秦的不光彩的外交史："秦自穆公以来二十余君，未尝有坚明约束者也。"（《史记·廉颇蔺相如列传》）为什么不能"坚明约束"？就是因为没有价值约束，没有人文取向。可怜可敬的吕不韦，他定是预见到了自己的政治生命即将随着据说是他自造的那个孽种的逐渐长大而终结，于是他想在他被彻底清除之前再做一件大事，那就是为秦国，为这一必将统一天下的新王朝找到一种统治理论。而他在《吕氏春秋》中杂取百家，虽然不能说他完成了新理论的构想，但也显然是在试图改变秦人一直以来的残暴不文的形象——可怕的是，这一国家形象，是如此富有戏剧性地集中体现在新秦王嬴政的身上——他鼻如黄蜂，胸如鸷鸟，声如豺狼，眼睛细长，令人不寒而栗——一望而知是个阴险毒辣、刻薄寡恩、心似虎狼、贪残好杀的人物。这简直就是秦国国家形象的象征，这形象直接吓跑了大梁人尉缭。

　　秦国太需要把自己文明化了！太需要改变以往的形象了！作为边鄙小国，它可以以无赖的面孔占得一些便宜，可是要走向政治中心，它难道不需要哪怕是伪装的文明与礼仪吗？但李斯的到来，使吕不韦的一片苦心付之渭水东流。秦以后即便在武力上统一了中国，但它自身仍是无赖。它完全不能胜任新的角色，在二世胡亥的身上，我们可以充分领略到这代代血脉相传的无赖本质，以及握有权力之后，更无以复加的丑陋。班固很粗野地骂二世是"人头畜鸣"。是的，一个肉体骨骼像人，而精神还停留在野兽阶段的怪物——他的祖先一直不愿在这方面有所进化。在冷兵器时代，文明与野蛮的冲突中，野蛮总占着莫大的优势。

　　李斯带来的是一套可以立竿见影的计策，其中包括贿赂和暗杀。他是国家恐怖主义活动的倡导者。我以为与其说李斯继承了他老师的思想，倒不如说他捡起了他同学的理论；与其说他在秦国推行他同学的理论，又不如说他只是支离破碎地从《韩非子》中随机地抽出一些有临场用途的东西，来为他的行为找注脚。我们读他的大作《谏逐客书》可否发现，和先秦诸子相比，除了抄自他老师荀子的"王者不却众庶，故能明其德"几句外，这篇鸿文中根本没有任何人文背景和道德根基！它只是相当聪明的灭六国强秦国的策略而已！先秦诸子大多只讲道，而不屑于或羞于谈权。商鞅、李斯等法家则正相反：弃道用权！只讲权术，不讲道义！只有策略而无原则！甚至一些最基本的，为先秦诸子各家各派所坚守的人道原则，李斯都没有！他在荀子那里真是白学了！那么伟大的老师和那么杰出的同学，对他都是浪费了。他只是一架追名逐利的功利机器，难怪他永远那么渺小！

秦国这辆攻无不克、斩无不获的超级战车现在更加凌厉了。因为驾驭这辆战车的，是年轻气盛的，"少恩而虎狼心"（尉缭评嬴政语），血液中饱含自然荷尔蒙的秦王嬴政，以及血液中饱含文化毒素的李廷尉斯。似乎仅仅是一转眼之间，这辆战车就变成了巡游之车，而车上还是那两个人，只不过身份与称谓都变了：一个改称始皇帝，一个已升任为丞相。就他们的心智所能想到的，他们都达到了。在他们意骄志满的巡游旅途中，除了一路上留下蝗虫过后一般的劫后惨景——包括为了向神灵抖威风而把一些山头伐为童山，还留下了六块刻石。它充分表达了临时东拼西凑、捉襟见肘的国家价值观，也充分表达了李斯个人的种种天赋、文字才能与书法功力，还有那首屈一指的歌功颂德的技巧。其中五块的碑文因为记录在《史记》中，至今仍蹲踞在历史的一角，试图说服我们，向他们感激恩德。而我们当代的一些可爱可怜的心智不全的傻学者，也确实在感恩戴德着，他们把秦王嬴政登基大典的庆祝仪式，一直上演到今天，没完没了。他们歌颂着秦的统一，歌颂着秦的旷代武功，而把秦在"统一"过程中数以百万计的杀戮看成是历史的光荣。由150多万具尸体（据《史记》累计）垫起来的统一会多么伟大呀！这150多万还只是统计被秦国斩首的六国人数，秦国自己士兵的死亡还不在其内。而其时，全国范围内的人口总数也只有约两千万！秦的鬼头刀不仅毫无人性地砍杀当代人，还阉割了他们的良心，使他们听不到死者的厉叫，只能听从权势魔鬼的笛音，随之翩翩起舞。可我不想参与他们，我想的是"统一六国"这个词并不具备抽象的道德价值。假如"统一六国"实现了，而一些基本的道义准则，包括以往历史上代代努力建立起来的文化信息，都因之中断了，这样的胜利是什么样的胜利？是善的胜利，还是恶的胜利呢？

猫和老鼠

　　斯长男由为三川守。诸男皆尚秦公主，女
悉嫁秦诸公子。三川守李由告归咸阳，李斯置
酒于家，百官长皆前为寿，门庭车骑以千数。
李斯喟然而叹曰："嗟乎！吾闻之荀卿曰：'物
禁太盛！'夫斯乃上蔡布衣，闾巷之黔首，上
不知其驽下，遂擢至此。当今人臣之位无居臣
上者，可谓富贵极矣。物极则衰，吾未知所税
驾也！"

　　——李斯长子李由做三川郡郡守。几个儿子都娶了
秦皇族的公主，女儿都嫁给了秦的皇族公子。三川郡郡
守李由告假回咸阳，李斯在家中设摆酒宴，百官都来为
李斯敬酒祝寿，门前车马数以千计。李斯喟然叹息说：
"唉！我听荀卿说过：'万物都禁忌太昌盛！'我李斯原
先不过上蔡布衣，穷乡僻壤的一介平民，皇上不知我笨

拙卑下，就提拔我到今天的地步。现在朝廷大臣的地位，没有在我之上的了，可以说是富贵的顶点了。物极则衰，我真不知道将来的结局如何啊！"

李斯是成功者，又是失败者。他成功地利用了权力及其极端形式——暴力，横扫天下，走上了事业的顶峰，也爬上了权力的顶峰，由一介上蔡布衣而成为天下宰相，由牵黄犬逐狡兔于上蔡东门，而麾虎贲逐鹿于中原。宰割天下人民，涂炭天下肝脑，离散天下子女。绝对权力促成了他，却也将最后毁灭他——在绝对权力面前，任何人都只能是权力的傀儡！李斯是绝对权力的鼓吹者，所以他的毁灭不像是悲剧，倒像是喜剧。绝对权力绝对要引来心术不正之徒的觊觎，并最终会被其中手段最毒辣、品行最恶劣、人格最丑陋的人所控制，乘其隙而售甚奸。我这里要说的就是赵高。李斯可以在高位之上手握权力之剑而藐视天下英雄豪杰，杀之、戮之，聚金咸阳铸为铜人，毁坏城郭而为田地，解御战马驾车送粪，当此之时他颐指气使，天下莫可与争锋。但他决不能小视一个连身体都残缺不全的阉人赵高——阉人往往随着生殖器被一同阉掉正常的德性，却不能阉掉他们的奸巧。李斯可以用权力之帚扫除六国英雄，却不能清除宫殿角落里的肮脏臭虫。赵高，这个精通法律的歹徒与李斯一起策划篡位时，已在秦的深宫中存活了二十余年。以他的阴鸷之性、隐忍之德，在操纵权力、玩弄阴谋上，他已远远超出李斯之上。况且他除了对权力的兴趣之外，不再能有其他兴趣，这就使他的力量更能集中于一点。显然，他比起李斯，更能专注其精力于权力之上。读司马迁《史记·李斯列传》的后半部分，我觉得传中主人公已不再是李斯而是赵高了，那个曾经意气风发、聪明过人、策算无穷、写出《谏逐客书》那样鸿文的李斯已不复存在，这个以感悟老鼠生存状态起家的政治家，此时真如一只在猫爪下任人玩弄最后却被吞食的小鼠，而那玩得游刃有余、兴致勃勃的猫就是赵高。赵高的小人手段，简直是层出不穷，又战无不胜。看他竟能设计出"指鹿为马"的活剧，赵高大英雄也！

一篇《李斯列传》，前半部写李斯聪明，后半部写赵高聪明。李斯的聪明在于能干事，干成了几件大事业；赵高的聪明在于会整人，整死了几个大人物。赵高的聪明压倒了李斯的聪明，李斯的聪明在赵高面前不堪一击，处处棋输一着，算逊一筹。写小人之智慧超群，写小人之手段绝伦，写小人在纷争中百战百胜，司马迁真是鬼斧神工、造化手笔也！

　　对于秦王朝来说，也可以说是成亦李斯败亦李斯，古人就说"李斯亡秦，兆端厕鼠"。从他慨叹厕鼠，就知他最终要弄垮秦朝的帝国大厦，这也有些道理，所以李斯既是"千古一相"，相导嬴政统一天下，也是"千古一鼠"，纵容二世播乱天下。李斯确实无法抗拒赵高的威胁加利诱——他不能失去他既得的一切，他好不容易从一个厕鼠变为仓鼠，他再不愿意由仓鼠变为厕鼠。李斯一直大不起来，他只能在两类鼠之间给自己定位。况且赵高还警告他，若失去仓鼠的资格，则连厕鼠也做不成。在这紧要关头，他在荀子那里所受的教育未能阻止他的跌价，他开始与赵高取同一价值立场，一个大学者、知识分子，竟与赵高这等丑类取同一立足点，自此他的堕落不可挽回。他与赵高相比，已不再有任何优势，他自己放弃了自身的高度，也不再有任何优点。李斯果真又变回去了，变成了一只鼠，和阉人赵高及"人头畜鸣"的胡亥合作，制造了一个惊天大阴谋。更有甚者，为了讨二世的欢心，他竟然抛弃自己的既定立场，作了一篇《劝行督责之术》的书奏来误导二世，弄得二世以为谁杀人多，谁就是忠心不二；谁敲吸百姓骨髓多，谁就是不二忠心！"相"是给盲人引路的，丞相（或宰相）是为国君引路的，二世本来就只有肚子和性，而没有头脑，再加上这样一个浑蛋不负责任的"相"，"与之为无方"（庄子语）而不惜"危吾国"，只求不"危吾身"，秦的这套马车此时还能走向哪里呢？

白茫茫大地真干净

李斯倡立郡县制，确实解决了诸侯纷争威胁中央的问题，但新问题也随之而来。一个高度集权的中央，谁能制约它，使它不至疯狂？顾亭林在《郡县论》中指出："封建之失，其专在下；郡县之失，其专在上。"作为丞相、政治家，李斯如何解决这一"其专在上"的问题？他甚至可能根本没有意识到这个问题，所以他的所作所为，乃是使"其专在上"的弊病越来越重。秦经过历代改革，尤其是商鞅变革，其贵族集团本来就很寥落，不足以制约皇权，二世上台后，更是对自己的同胞兄妹大加诛残，十二公子在咸阳砍头，十个公主在杜县肢解。公子高为保住三族，争得主动，自请殉葬始皇。这样一来，外无诸侯，内无贵族，这个皇权也实在太无所顾忌了！李斯又是焚书，又是坑儒，禁绝批评，扼杀思想，这时的李斯真正是目光如豆的贱鼠！

但仍然有学者在为他辩护，说"这是统一的需要"！统一就一定要使用暴力？如果为了一时的政治需要，焚书而可为，杀人而可为，那什么不可为？是可忍，孰不可忍！

"其专在上"的弊病渐深，人民的苦难渐深。周公只看到了氏族部落之间可以互相攻灭，李斯只注意到了诸侯可以反噬天子，但他们都不能知道，还有那载舟之水的小民也可以覆舟！这可是荀子的谆谆教导，李斯怎么能对老师的告诫如此掉以轻心？当他坐在权力之舟上时，就一点也没有覆舟之虞？大约还是过分迷信权力的力量了吧。迷信权势、权术与惩治约束小民的所谓法律，这是一切专制者的通病。郡县制由于官吏由中央任免，当然驯顺中央，而无"叛吏"（也不绝对，秦末叛吏也不在少数，会稽郡郡守殷通就串谋项梁造反，而县级官吏如司马欣、萧何也都参与了项羽和刘邦的队伍）。

但"叛人"（民），却是豪杰蜂起，相与并争，不可胜数。一个"戍卒叫"，便令"函谷举"，楚人一炬，那秦王朝数百年的辛苦，数百年的坑蒙拐骗所得，杀伐掳掠所获，都化为焦土！只是在这一兴一亡中，兴，百姓苦！亡，百姓苦！

是的，周公解决了氏族攻伐问题，李斯解决了诸侯兼并问题，但那普通民众的星星之火，自陈涉至洪杨，谁能扑灭得了？五百年必有王者兴，何时才能出现解决这一问题的大政治家？

公道而论，导致秦王朝覆灭的不是李斯，甚至也不是赵高、胡亥，而是专制制度本身的痼疾。李斯、赵高、二世道德上的缺陷只有在权力的保护下，借权力之力才变成国家人民的灾难。我一直认为，道德问题不是道德问题，而是技术问题，一切人类恶德追根溯源，都与各种形式的专制、法西斯有关。李斯个人的道德缺点和智识缺点使他成为一个害人者、祸国者，他杀同学、坑同门、搞暗杀、焚书籍，他的行为确实加速了秦的崩溃，他的计策使秦的暴政得以更有效地推行，但同时我们也应该看到，他也是一个受害者。专制政体像附身的魔鬼，附着在李斯的身上，借他人性的缺点来害人，然后又害了他。在最后的岁月里，李斯遭受了无以计数的酷刑，"榜掠千余"被折磨得无复人形。他被逼承认了赵高诬陷给他的一切罪名，他的精神彻底崩溃了。他看到了自己一生所作所为所求的荒诞。世界在荒诞中幻灭。当二世见到对李斯的审讯记录后，心有余悸又高兴地说："如果没有赵君，我几乎被丞相出卖了！"这是最后的，令人亦哭亦笑的荒诞。

> 二世二年七月，具斯五刑（黥面、割鼻、斩足、割生殖器、砍头），论（判）腰斩咸阳市。斯出狱（赴刑场），与其中子俱执（一同被绑），顾谓（回头对）其中子曰："吾欲与若复牵黄犬俱出上蔡东门逐狡兔，岂可得乎？"遂父子相哭，而夷三族。

这儿提到了他的中子，那个做三川守、为父亲轰轰烈烈排场炫人地做寿的长子李由呢？——几乎同时，被项羽和刘邦斩杀在雍丘。

一年以后，二世三年八月，赵高逼杀二世。

九月，立子婴，"天下"小得不能再称皇帝，改称王。

子婴计杀赵高。

　　十月，刘邦入咸阳。子婴肉袒出降。

　　十二月，项羽入关，杀子婴，屠烧咸阳。

　　三个月的绵延大火过后，白茫茫大地真干净。

　　没有了老鼠，也没有了粮仓。

后　记

这是旧作，青海人民出版社的编辑朋友们觉得有再版的价值，希望我能交给他们。

对于青海，我没有拒绝的理由——那是我的第二故乡，是我 22 岁到 38 岁—— 一生中最好时光消磨泼洒的地方。

离开青海已近 20 年，这本书再版于青海，是前缘未断，是温情再续。感谢青海人民出版社。

也感谢这本书自初版 17 年来一直没有忘记这本书的读者们。

鲍鹏山

2020 年 11 月 6 日